Histoires Courtes en Letton

Apprendre l'Letton facilement en lisant des histoires courtes

Andris Jansons

Copyright © 2022 Andris Jansons

Tous droits réservés.Bien que l'auteur et l'éditeur aient fait tout leur possible pour s'assurer que les informations présentées dans ce livre étaient correctes à l'heure actuelle, l'auteur et l'éditeur n'assument et déclinent par la présente toute responsabilité envers toute partie pour toute perte, tout dommage ou toute perturbation causés par des erreurs ou des omissions, que ces erreurs ou omissions résultent d'une négligence, d'un accident ou de toute autre cause.

greenthumbpublishing@gmail.com

Contenu

Introduction
Comment utiliser le livre
Guide de lecture

Riga
Hockey sur glace
La plage de Jūrkalne
Pain de seigle
Arbres de Noël
Venta Rumba
Musique folklorique Daina
Parc national Gauja
Palais Rundale
Pringles
A la plage
Camping au lac
La maison
Dans le train
Cuisiner le dîner
Rentrer à pied
Le château
Mon jardin
Faire du shopping
Au marché
Au café
Aller nager
Tonte de la pelouse
Se faire couper les cheveux
Le parc

Introduction

Lire dans une langue étrangère est l'un des moyens les plus efficaces d'améliorer ses compétences linguistiques et d'enrichir son vocabulaire. Cependant, il est parfois difficile de trouver des supports de lecture attrayants, d'un niveau approprié, qui procurent un sentiment de réussite et de progrès. La plupart des livres et articles écrits pour des locuteurs natifs peuvent être trop longs et difficiles à comprendre ou contenir un vocabulaire de très haut niveau, de sorte que vous vous sentez dépassé et abandonnez. Si ces problèmes vous sont familiers, alors ce livre est pour vous !

Histoires Courtes en Letton est une collection de 25 histoires courtes non conventionnelles et divertissantes qui sont conçues pour aider les apprenants de niveau débutant à intermédiaire Letton à améliorer leurs compétences linguistiques.

Ces histoires courtes créent un environnement propice à la lecture en incluant ;

- Un contenu linguistique riche dans différents genres pour vous divertir et vous exposer à une variété de formes de mots.
- Des histoires plus courtes en chapitres pour vous donner la satisfaction de terminer des histoires et de progresser rapidement.
- Des textes écrits à votre niveau afin qu'ils soient plus facilement compréhensibles et ne vous dépassent pas.
- Traduction française sur des pages alternées afin que vous puissiez vous y référer directement ligne par ligne tout en lisant l'histoire Letton.
- Le vocabulaire clé est imprimé en gras tout au long

de l'histoire et de la traduction pour vous aider à comprendre plus facilement les mots qui ne vous sont pas familiers.
- Des questions de compréhension pour tester votre compréhension des événements clés et vous encourager à lire plus en détail.

Que vous souhaitiez enrichir votre vocabulaire, améliorer votre compréhension ou simplement lire pour le plaisir, ce livre est le plus grand pas en avant que vous ferez dans vos études cette année. Histoires Courtes en Letton vous apportera tout le soutien dont vous avez besoin, alors asseyez-vous, détendez-vous et laissez libre cours à votre imagination en vous laissant transporter dans un monde magique d'aventures, de mystères et d'intrigues - en Letton !

Comment utiliser ce livre

La lecture est un talent difficile à maîtriser. Nous utilisons toute une série de micro-compétences pour nous aider à lire dans notre langue maternelle. Par exemple, nous pouvons parcourir un passage pour en comprendre le sens, ou l'essentiel. Nous pouvons aussi passer au peigne fin les nombreuses pages d'un horaire de train à la recherche d'une heure ou d'un lieu précis. Si ces micro-compétences sont une seconde nature lorsque nous lisons dans notre langue maternelle, les recherches révèlent que nous en oublions souvent la plupart lorsque nous lisons dans une langue étrangère. Lorsque nous apprenons une langue étrangère, nous commençons généralement par le début d'un texte et le parcourons en essayant de comprendre chaque mot. Inévitablement, nous rencontrons des termes peu familiers ou complexes et nous sommes gênés par notre incapacité à les comprendre.

L'un des principaux avantages de la lecture dans une langue étrangère est que vous êtes exposé à un grand nombre de phrases et d'expressions utilisées dans des situations quotidiennes. La lecture extensive est un terme utilisé pour décrire la lecture pour le plaisir dans le but d'apprendre une langue. En d'autres termes, la lecture approfondie de manuels scolaires aide généralement à l'apprentissage des règles de grammaire et d'un vocabulaire particulier, mais la lecture extensive d'histoires aide à l'apprentissage du langage naturel.

Histoires Courtes en Letton vous donnera l'occasion d'en apprendre davantage sur la langue naturelle Letton en usage, même si vous avez peut-être commencé votre voyage d'apprentissage des langues uniquement avec des manuels. Voici quelques conseils à garder à l'esprit lorsque vous lirez les histoires de ce livre pour en tirer le meilleur parti : Lorsqu'il s'agit de lire, le plaisir et le sentiment d'accomplissement sont essentiels. Vous en redemandez parce que vous aimez ce que vous lisez. Lire chaque histoire du début à la fin est la meilleure méthode pour prendre plaisir à lire des histoires et se sentir accompli. Par conséquent, la chose la plus cruciale est d'arriver à la fin d'une histoire. C'est en fait plus important que de connaître chaque mot.

Plus vous lisez, plus vous acquerrez de connaissances. Vous aurez rapidement une connaissance du fonctionnement de la Letton si vous lisez de gros livres pour le plaisir. Cependant, gardez à l'esprit que pour tirer tous les bénéfices d'une lecture extensive, vous devez d'abord lire un volume suffisamment important. Lire quelques pages ici et là peut vous apprendre quelques nouveaux mots, mais cela ne fera pas une différence significative dans votre niveau global de Letton.

Acceptez le fait que vous ne comprendrez pas tout ce que vous lisez dans un roman. C'est, sans aucun doute, le point le plus crucial ! N'oubliez jamais que le fait de ne pas comprendre tous les mots ou toutes les phrases est tout à fait acceptable. Cela ne signifie pas que vos compétences linguistiques sont insuffisantes ou que vos résultats sont médiocres. Cela indique que vous participez activement au processus d'apprentissage.

Guide de lecture

Afin de tirer le meilleur parti de la lecture d'Histoires Courtes en Letton, il est préférable que vous suiviez ce processus de lecture simple en six étapes pour chaque chapitre des histoires :

1. Lisez le titre du chapitre. Réfléchissez à ce que pourrait être le sujet de l'histoire. Puis lisez l'histoire jusqu'au bout. Votre objectif est simplement d'atteindre la fin de l'histoire. Par conséquent, ne vous arrêtez pas pour chercher des mots et ne vous inquiétez pas s'il y a des choses que vous ne comprenez pas. Essayez simplement de suivre l'intrigue.

2. Lorsque vous arrivez à la fin de l'histoire, parcourez la traduction française pour voir si vous avez compris ce qui s'est passé et reprenez tout contexte qui vous aurait échappé.

3. Revenez en arrière et relisez la même histoire. Si vous le souhaitez, vous pouvez vous concentrer davantage sur les détails de l'histoire qu'auparavant, mais sinon, lisez-la simplement une fois de plus.

4. Ensuite, répondez aux questions de compréhension en Letton pour vérifier votre compréhension des événements clés de l'histoire. Si vous ne comprenez pas entièrement les questions, ne vous inquiétez pas. Utilisez vos connaissances pour répondre du mieux que vous pouvez.

5. A ce stade, vous devriez avoir une certaine compréhension des principaux événements du chapitre. Si ce n'est pas le cas, vous pouvez relire le chapitre

plusieurs fois en utilisant la traduction pour vérifier les mots et les phrases inconnus jusqu'à ce que vous vous sentiez en confiance.

Une fois que vous êtes prêt et sûr d'avoir compris ce qui s'est passé - que ce soit après une ou plusieurs lectures de l'histoire - passez à l'histoire suivante et continuez à apprécier l'histoire à votre propre rythme, comme vous le feriez pour n'importe quel autre livre.

Ce n'est qu'une fois que vous avez terminé une histoire dans son intégralité que vous pouvez envisager de revenir en arrière et d'étudier le langage de l'histoire plus en profondeur si vous le souhaitez. Au lieu de vous inquiéter de tout comprendre, prenez le temps de vous concentrer sur ce que vous avez compris et de vous féliciter pour tout ce que vous avez fait.

Histoires Courtes

en Letton

Andris Jansons

Rīga

Rīga ir neliela pilsēta Latvijā. Tā atrodas pie Daugavas, un tajā **dzīvo** nedaudz vairāk par 700 000 **iedzīvotāju.** Pilsētā atrodas daudzi vēsturiski pieminekļi, tostarp Rīgas pils, Melngalvju nams un Svētā Pētera baznīca. Rīgā ir arī vairāki muzeji un mākslas galerijas. **Pilsēta ir** pazīstama ar savu rosīgo naktsdzīvi, kurā ir daudz bāru un klubu, kas apmeklētājus izklaidē līdz pat agrām rīta stundām. Dienas laikā šeit ir arī daudz restorānu un kafejnīcu. Rīga ir populārs tūristu galamērķis tiem, kas vēlas klātienē iepazīt Latvijas kultūru un vēsturi. Tā ir arī ideāla bāze, lai iepazītu citas Latvijas vietas vai pat aizbrauktu tālāk uz Igauniju vai Lietuvu. Rīgu 1201. gadā dibināja Rīgas bīskaps Alberts. Pilsēta strauji attīstījās 13. gadsimtā, un **gadsimta beigās** tā bija nozīmīga Hanzas savienības tirdzniecības pilsēta.

Rīgas zelta laikmets iestājās 15. un 16. gadsimtā, kad tā kļuva par vienu no **lielākajām** Ziemeļeiropas pilsētām. Šajā laikā tika uzceltas daudzas grandiozas ēkas, tostarp Rīgas pils, Svētā Pētera baznīca un vairākas ģildes. Diemžēl liela daļa šīs **arhitektūras** tika iznīcināta Otrā pasaules kara laikā, kad Rīgu spēcīgi bombardēja gan vācu, gan padomju spēki. Neraugoties uz tās vētraino vēsturi, Rīga ir plaukstoša pilsēta, kurā ir daudz ko redzēt un darīt apmeklētājiem no visas

Riga

Riga est une petite ville de Lettonie. Elle est située sur la rivière Daugava, et sa **population est d'**un peu plus de 700 000 habitants. La ville abrite de nombreux sites historiques, notamment le château de Riga, la Maison des points noirs et l'église Saint-Pierre. Il y a également plusieurs musées et galeries d'art à Riga. La **ville** est connue pour sa vie nocturne animée, avec de nombreux bars et clubs pour divertir les visiteurs jusqu'aux petites heures du matin. Il y a également de nombreux restaurants et cafés à **apprécier** pendant la journée. Riga est une destination touristique populaire pour ceux qui veulent découvrir la culture et l'histoire de la Lettonie de première main. C'est également un point de départ idéal pour explorer d'autres régions de Lettonie ou même s'aventurer plus loin, en Estonie ou en Lituanie. Riga a été fondée en 1201 par l'évêque Albert de Riga. La ville s'est développée rapidement au cours du 13e siècle et, à la fin du **siècle,** elle était une importante ville commerciale de la Ligue hanséatique.

Riga a connu son âge d'or aux 15e et 16e siècles, lorsqu'elle est devenue l'une des **plus grandes** villes d'Europe du Nord. À cette époque, de nombreux bâtiments grandioses ont été construits, notamment le château de Riga, l'église Saint-Pierre et plusieurs

pasaules. Apmeklējot Rīgu, noteikti apskatiet Vecrīgu. Tas ir pilsētas vēsturiskais **centrs, un tajā atradīsiet** lielāko daļu nozīmīgāko apskates objektu. Savu apskati sāciet Rīgas pilī, kuras pirmsākumi meklējami 13. gadsimtā. No šejienes dodieties uz Svētā Pētera baznīcu, kas ir viena no vecākajām baznīcām Latvijā. Pēc tam dodieties uz Alberta ielu, lai apskatītu dažas no skaisti **restaurētajām** Rīgas Hanzas laika ģildēm. Ja jūs interesē māksla un kultūra, noteikti apmeklējiet vienu vai vairākus no daudzajiem Rīgas **muzejiem** un galerijām.

Latvijas Nacionālais mākslas muzejs ir labs sākums, kam seko Dekoratīvās mākslas un dizaina muzejs. Lai iepazītos ar Latvijas tumšo 20. gadsimta vēsturi padomju varas laikā, apmeklējiet KGB cietumu muzeju vai Okupācijas muzeju. Neviens ceļojums uz Rīgu nebūtu **pilnīgs, ja** neizmēģinātu kādu no vietējiem ēdieniem un dzērieniem.

maisons de corporations. Malheureusement, une grande partie de cette **architecture** a été détruite pendant la Seconde Guerre mondiale, lorsque Riga a été lourdement bombardée par les forces allemandes et soviétiques. Malgré son histoire mouvementée, Riga est une ville prospère qui offre de nombreuses activités aux visiteurs du monde entier. Lorsque vous visitez Riga, ne manquez pas d'explorer la vieille ville. C'est le **centre** historique de la ville, et c'est là que vous trouverez la plupart des principaux points de repère. Commencez votre visite par le château de Riga, qui date du 13e siècle. De là, descendez vers l'église Saint-Pierre, l'une des plus anciennes églises de Lettonie. Ensuite, dirigez-vous vers Alberta iela (rue Albert) pour voir certaines des guildes magnifiquement **restaurées** de l'époque de la Ligue hanséatique de Riga. Si vous êtes intéressé par l'art et la culture, ne manquez pas de visiter un ou plusieurs des nombreux **musées** et galeries de Riga.

Le musée national d'art letton est un bon **point de** départ, suivi par le musée des arts décoratifs et du design. Pour quelque chose de différent, allez voir le musée de la prison du KGB ou le musée de l'occupation pour découvrir l'histoire sombre de la Lettonie au XXe siècle sous le régime soviétique. Un voyage à Riga ne serait pas **complet** sans une dégustation de la nourriture et des boissons locales.

Izpratnes jautājumi

1. Kāds ir Rīgas iedzīvotāju skaits?

2. Ar ko ir pazīstama šī pilsēta?

3. Kādi apskates objekti atrodas Rīgā?

4. Kad tika dibināta pilsēta?

5. Kāds bija pilsētas zelta laikmets?

6. Kas iznīcināja lielāko daļu pilsētas arhitektūras?

7. Kas ir vecpilsēta?

8. Kas ir Rīgas pils?

9. Kas ir Latvijas Nacionālais mākslas muzejs?

10. Kas ir "melnā balzama" kokteilis?

Questions de compréhension

1. Quelle est la population de Riga ?

2. Quelle est la réputation de la ville ?

3. Quels sont les points de repère à Riga ?

4. Quand la ville a-t-elle été fondée ?

5. Quel a été l'âge d'or de la ville ?

6. Qu'est-ce qui a détruit une grande partie de l'architecture de la ville ?

7. Qu'est-ce que la vieille ville ?

8. Qu'est-ce que le château de Riga ?

9. Qu'est-ce que le Musée national d'art de Lettonie ?

10. Qu'est-ce qu'un cocktail "baume noir" ?

Ledus hokejs

Bija auksta ziemas diena, un slidotava bija pilna ar cilvēkiem, kas slidinājās un spēlēja hokeju. Gaisu piepildīja slidas, kas skrāpēja pret ledu, un nūjas, kas trāpīja ar ripām. Pie viena no vārtiem bija sapulcējusies draugu grupa, kas smējās un jokoja, spēlējot hokeja spēli. Viens no viņiem, garš zēns ar **platiem** pleciem, izdarīja īpaši iespaidīgu metienu, raidot ripu vārtu augšējā stūrī. Viņa draugi uzmundrināja un uzmundrināja viņu, kad viņš, smaidīdams no ausīm līdz ausīm, **slidojis** atgriezās pie viņiem. Bet tad notika kaut kas dīvains. Kad viņš pietuvojās draugiem, viņi visi pēkšņi sastinga uz vietas kā statujas. Viņš apstājās, apjucis un **noraizējies par to**, kas to varēja izraisīt. Tad viņš pamanīja, ka viņu visu acis bija pievērstas kaut kam aiz viņa. Viņš lēnām pagriezās, un, ieraugot, uz ko viņi skatās, viņam sāpēja **sirds.** Otrpus slidotavai aplī stāvēja grupa tumšos uzvalkos tērptu vīriešu, kuru sejas slēpa ēnas. Apļa vidū atradās liela kaste ar tajā iegravētiem dīvainiem simboliem. Vīri runāja klusinātos toņos, bet viņš nespēja saprast, ko viņi runā. Viņš zināja, ka viņam vajadzētu novērsties un doties atpakaļ pie draugiem, taču kaut kas šajā ainā bija tik intriģējošs, ka viņš tā vietā **devās** tās virzienā.

Tuvojoties tuvāk, viņš dzirdēja sarunu fragmentus:"…

Hockey sur glace

C'était une froide journée d'hiver, et la patinoire était occupée par des gens qui patinaient et jouaient au hockey. L'air est rempli du bruit des patins qui raclent la glace et des bâtons qui frappent les palets. Un groupe d'amis est réuni autour d'un des filets, riant et plaisantant tout en jouant une partie de hockey improvisée. L'un d'eux, un grand garçon aux épaules **larges**, effectue un tir particulièrement impressionnant, envoyant le palet dans la lucarne du filet. Ses amis l'encouragent et lui donnent des high-five lorsqu'il revient vers eux **en patinant**, le sourire aux lèvres. Mais quelque chose d'étrange se produit alors. Alors qu'il se rapproche de ses amis, ceux-ci se figent soudainement sur place, comme des statues. Il s'est arrêté net, confus et **inquiet de** ce qui avait pu causer cela. Puis il a remarqué que leurs yeux étaient tous fixés sur quelque chose derrière lui. Il s'est lentement retourné, et son **cœur** s'est serré quand il a vu ce qu'ils regardaient. De l'autre côté de la patinoire, un groupe d'hommes en costume sombre se tenait en cercle, les visages cachés par des ombres. Au milieu du cercle se trouvait une grande caisse sur laquelle étaient gravés d'étranges symboles. Les hommes parlaient à voix basse, mais il ne pouvait pas comprendre ce qu'ils disaient. Il savait qu'il devait se détourner et retourner vers ses amis en

jābūt uzmanīgiem... Ļoti spēcīgi...””... neesmu pārliecināts, vai mēs to spēsim savaldīt...” Viņš jau grasījās pajautāt, par ko viņi runā, kad viens no vīriešiem pamanīja viņu un draudīgi pakāpās uz priekšu. “Kas jūs esat? Ko jūs šeit darāt? “ Vīrieša **balss** bija dziļa un draudīga. Zēns atkāpās soli atpakaļ, pēkšņi sajūtot bailes. Viņš nezināja, kā atbildēt uz šiem jautājumiem godīgi, nenokļūstot nepatikšanās, tāpēc nolēma tā vietā melot. “Es... es... es tikai slidoju apkārt,” viņš nervozi aizsmiedzās. “Ārā ir pārāk **auksti,** lai to darītu,” vīrietis skeptiski sacīja. “Mana mamma man tik un tā lika iet ārā,” zēns atkal melojis. “Un kur tagad ir tava mamma?” “Viņa ir mājās.” “Saprotu... tad iesaku arī tev doties mājās.” “O... labi.” Zēns ātri pagriezās un sāka slidot izejas virzienā tik ātri, cik vien spēja, neapgāžoties. “Kas tiem puišiem bija tajā **kastē?**” viņš ziņkārīgi domāja pie sevis, izejot no slidotavas. “Izskatījās, ka viņi kaut kā no tās **baidījās.**

patinant, mais quelque chose dans cette scène était si intriguant qu'il s'est retrouvé à **marcher** vers elle.

En se rapprochant, il pouvait entendre des bribes de conversation : "... il faut faire attention... très puissant..." "... pas sûr qu'on puisse le contenir..." Il était sur le point de leur demander de quoi ils parlaient quand l'un des hommes le remarqua et s'avança d'un pas menaçant. "Qui êtes-vous ? Que faites-vous ici ? "La **voix** de l'homme était profonde et menaçante. Le garçon a fait un pas en arrière, se sentant soudainement effrayé. Il ne savait pas comment répondre honnêtement à ces questions sans s'attirer des ennuis, alors il décida de mentir à la place. "Je ne fais que patiner", a-t-il balbutié nerveusement. "Il fait trop **froid** dehors pour ça", dit l'homme d'un air sceptique. "Ma mère m'a quand même fait sortir", a encore menti le garçon. "Et où est ta mère maintenant ?" "Elle est à la maison." "Je vois... alors je te suggère de rentrer chez toi aussi." "Le garçon se détourna rapidement et commença à patiner vers la sortie aussi vite qu'il le pouvait sans tomber. "Qu'est-ce que ces types avaient dans cette **boîte** ?" se dit-il avec curiosité en quittant la patinoire. "On aurait dit qu'ils en avaient **peur**.

Izpratnes jautājumi

1. Ko dara galvenais varonis, kad viņš redz savus draugus sastingušus uz vietas?

2. Par ko runā vīrieši uzvalkos?

3. Ko dara galvenais varonis, kad viņu noķer vīri uzvalkos?

4. Kas ir kastē?

5. Kāda ir galvenā varoņa reakcija, ieraugot, kas atrodas kastē?

6. Kur ir vīrieši uzvalkos, kad galvenais varonis vēlāk atgriežas slidotavā?

7. Ko dara galvenais varonis, kad viņš redz, ka vīrieši ir aizgājuši?

8. Kas ir rakstīts kastē?

9. Kāda ir galvenā varoņa reakcija, ieraugot rakstīto kastē?

10. Ko galvenais varonis domā par to, ko viņš redzēja slidotavā?

Questions de compréhension

1. Que fait le protagoniste lorsqu'il voit ses amis figés sur place ?

2. De quoi parlent les hommes en costume ?

3. Que fait le protagoniste lorsqu'il est attrapé par les hommes en costume ?

4. Qu'y a-t-il dans la caisse ?

5. Quelle est la réaction du protagoniste en voyant ce qui se trouve dans la caisse ?

6. Où sont les hommes en costume lorsque le protagoniste revient à la patinoire plus tard ?

7. Que fait le protagoniste quand il voit que les hommes sont partis ?

8. Qu'est-ce qui est écrit dans la caisse ?

9. Quelle est la réaction du protagoniste en voyant l'écriture dans la caisse ?

10. Que pense le protagoniste de ce qu'il a vu à la patinoire ?

Jūrkalnes pludmale

Saule rietēja virs Baltijas jūras, izkrāsojot debesis
skaistā oranžā krāsā. Viļņi dauzījās pret krastu, un
smiltis bija vēsas un mīkstas. Jūrkalnes pludmale bija
viena no viņas iecienītākajām vietām Latvijā. Tā bija
tik **mierīga** un nomierinoša, un, šeit ierodoties, viņa
vienmēr jutās labi. Viņa staigāja basām kājām gar
ūdens malu, ļaujoties viļņu šalkoņam, kas apskaloja
viņas kājas. Viņa dziļi ieelpoja, piepildot plaušas ar
svaigu jūras gaisu. Tas smaržoja sāļi un tīri, kā **brīvība**.
Viņa aizvēra acis un ilgi nopūtās no apmierinājuma. Šī
bija viņas laimīgā vieta; vieta, kur viņa varēja aizmirst
par visām problēmām mājās un vienkārši būt **pati par
sevi**.

Neviens viņu šeit nesodīja, nevienu neinteresēja,
kas viņa ir un ar ko viņa pelna iztiku. Viņus interesēja
tikai tas, ka viņa bauda prieku, apmeklējot viņu valsts
skaistās **pludmales**. Un tieši to viņa šodien plānoja
darīt - atpūsties un izbaudīt! Viņa kādu brīdi pastaigājās,
vērojot pludmales skatus un skaņas. Kaiju čalošana
virs galvas nomierināja, un viņa pasmaidīja, vērojot,
kā tās graciozi lido gaisā. Viņi izskatījās tik brīvi... gluži
tāpat kā viņa jutās šeit. **Beidzot** viņa apstājās pie
klintīm pludmales malā. Viņa apsēdās un ļāva kājām
pakustēties virs ūdens. Viņa iegremdēja kājas pirkstus,

Plage de Jurkalne

Le soleil se couchait sur la mer Baltique, projetant une **belle** teinte orange sur le ciel. Les vagues s'écrasaient sur le rivage, et le sable était frais et doux. La plage de Jurkalne était l'un de ses endroits préférés en Lettonie. C'était tellement **paisible** et apaisant, et elle se sentait toujours à l'aise quand elle venait ici. Elle marchait pieds nus au bord de l'eau, laissant les vagues déferler sur ses pieds. Elle a respiré profondément, remplissant ses poumons d'air marin frais. Il sentait le sel et la propreté, comme la **liberté**. Elle a fermé les yeux et a laissé échapper un long soupir de satisfaction. C'était son endroit préféré, un endroit où elle pouvait oublier tous ses problèmes et être **elle-même**.

Personne ne la jugeait ici, personne ne se souciait de savoir qui elle était ou ce qu'elle faisait dans la vie. Tout ce qui comptait, c'était qu'elle s'amuse pendant qu'elle visitait les magnifiques **plages** de leur pays. Et c'est exactement ce qu'elle avait prévu de faire aujourd'hui : se détendre et s'amuser ! Elle a marché un moment, profitant de la vue et des sons de la plage. Le cri des mouettes au-dessus de sa tête était apaisant, et elle souriait en les regardant voler gracieusement dans les airs. Elles semblaient si libres... tout comme elle se sentait ici. **Finalement**, elle s'est arrêtée près de

ķiķinādama, kad aukstais ūdens tos glāstīja. Bija patīkami vienkārši sēdēt šeit un nedarīt neko citu, kā vien baudīt apkārt esošo dabas **skaistumu.** Viņa droši vien bija aizmigusi, jo, kad atkal atvēra acis, ārā jau bija **satumsis**.

Saule jau sen bija norietējusi, atstājot tikai **vāju** mirdzumu pie apvāršņa. Jūrkalnes pludmale tagad bija tukša; visi, izņemot viņu, bija devušies mājās uz nakti. Bet tas nekas, viņai tik un tā patika, ka viss bija tikai viņas ziņā! **Mēness gaisma** spilgti apspīdēja ūdeni zem ūdens, padarot to līdzīgu sudraba spogulim, kas atspīdēja viņai zem zvaigžņotajām debesīm virs galvas. Tā bija tik mierīgi sēdēt šeit vienai, viņa domāja sev. Pēkšņi viņa izdzirdēja pēdas aiz sevis un **kādu, kas** klusi sauca viņas vārdu: "Lena!". Viņa ātri pagriezās, bet tur neviena nebija. Viņu atkal sagaidīja tikai klusums . Nedaudz trīcēdama no bailēm vai **varbūt no** uztraukuma - viņa nebija pārliecināta, kas no tā - Lena lēnām piecēlās un sāka iet virzienā, no kurienes atskanēja **balss.**

quelques rochers au bord de la plage. Elle s'est assise et a laissé ses pieds pendre au-dessus de l'eau. Elle a plongé ses orteils dans l'eau, riant quand l'eau froide les a chatouillés. C'était bon de s'asseoir ici et de ne rien faire d'autre que de profiter de la **beauté** de la nature qui nous entoure. Elle a dû s'assoupir, car lorsqu'elle a rouvert les yeux, la **nuit tombait**.

Le soleil s'est couché depuis longtemps, ne laissant qu'une **faible** lueur à l'horizon. La plage de Jurkalne était maintenant déserte ; tout le monde était rentré chez soi pour la nuit, sauf elle. Mais ce n'était pas grave, elle aimait l'avoir pour elle toute seule de toute façon ! Le **clair de lune** brillait sur l'eau en dessous, la faisant ressembler à un miroir argenté qui se reflétait sur elle sous le ciel étoilé. C'était si paisible d'être assise ici toute seule, se dit-elle. Soudain, elle a entendu des pas derrière elle et **quelqu'un a** appelé son nom doucement, "Lena !". Elle se retourne rapidement, mais il n'y avait personne. Seul le silence l'a accueillie une fois de plus. Tremblant légèrement de peur ou **peut-être d'**excitation - elle ne savait pas trop - Lena se leva lentement et commença à marcher vers l'endroit d'où venait la **voix**.

Izpratnes jautājumi

1. Ko galvenais varonis dara pludmalē?

2. Ko galvenais varonis domā par kaijām?

3. Ko varonis domā par viļņu skaņām?

4. Kur galvenais varonis dodas pēc sēdēšanas pie klintīm?

5. Ko galvenais varonis domā par ūdeni?

6. Ko galvenais varonis domā par debesīm?

7. Ko galvenais varonis domā par smiltīm?

8. Ko galvenais varonis domā par cilvēkiem pludmalē?

9. Ko galvenā varone domā par savu laimīgo vietu?

10. Par ko domā galvenā varone, kad viņa dzird soļus un kādu, kas viņu sauc vārdā?

Questions de compréhension

1. Que fait le protagoniste à la plage ?

2. Que pense le protagoniste des mouettes ?

3. Que pense le protagoniste du bruit des vagues ?

4. Où va le protagoniste après s'être assis près des rochers ?

5. Que pense le protagoniste de l'eau ?

6. Que pense le protagoniste du ciel ?

7. Que pense le protagoniste du sable ?

8. Que pense le protagoniste des gens sur la plage ?

9. Que pense la protagoniste de son endroit heureux ?

10. À quoi pense la protagoniste lorsqu'elle entend des bruits de pas et quelqu'un qui l'appelle par son nom ?

Rudzu maize

Pirmo reizi rudzu maizi es ēdu pie vecmāmiņas.
Viņa vienmēr gatavoja vislabākos ēdienus, un viņas
rupjmaize nebija **izņēmums**. Maizes garoza bija
perfekti kraukšķīga, bet iekšpuse mīksta un pūkaina.
Tā garšoja kā debesu gabaliņš. Kopš tā laika esmu
apsēsta ar rudzu maizi. Man patīk izmēģināt dažādas
receptes un eksperimentēt ar dažādām garšām. Es
pat esmu sākusi pati gatavot rauga ieraugu, lai ceptu
savu amatniecisko maizi. Ir kaut kas tāds, kas mani dziļi
uzrunā ar rudzu **garšu.** Tā ir zemnieciska un nedaudz
salda, bet tai ir arī nedaudz pikanta garša fermentācijas
procesa rezultātā. Tai vienkārši **nevar pretoties**.

Tagad es nevaru iedomāties dzīvi bez rudzu maizes
- tā ir kļuvusi par **neatņemamu** manas personības
sastāvdaļu. Kad man jautā, kas ir mans mīļākais
ēdiens, es nešaubos: tā noteikti ir rudzu maize! Rudzu
maize ir kļuvusi par manas diētas **pamatu,** un es
nevaru iedomāties dzīvi bez tās. Es to ēdu brokastīs,
pusdienās un vakariņās - dažkārt pat kā uzkodu. Tā ir
tik daudzpusīga un garšīga. Man patīk izmēģināt jaunas
receptes ar rudzu maizi, un iespējas ir bezgalīgas.
Atkarībā no **noskaņojuma** var pagatavot saldus vai
sāļus ēdienus. Un, ja jūtaties patiešām drosmīgi, ar
to var pat cept! Rudzu maizes garša ir kaut kas tāds,

Pain de seigle

La première fois que j'ai mangé du pain de seigle, c'était chez ma grand-mère. Elle faisait toujours les meilleurs plats, et son pain de seigle ne **faisait** pas **exception**. La croûte était parfaitement croustillante, et l'intérieur était doux et moelleux. Il avait le goût d'un morceau de paradis. Depuis lors, je suis obsédée par le pain de seigle. J'adore essayer différentes **recettes** et expérimenter différentes saveurs. J'ai même commencé à fabriquer mon propre levain pour faire mes propres pains artisanaux. Il y a quelque chose dans la **saveur** du seigle qui me parle profondément. Elle est terreuse et légèrement sucrée, mais elle a aussi un peu de piquant dû au processus de fermentation. C'est tout simplement **irrésistible**.

Je ne peux plus imaginer ma vie sans pain de seigle, il fait désormais partie **intégrante** de ma personnalité. Lorsque quelqu'un me demande quel est mon aliment préféré, il n'y a aucune hésitation : c'est sans aucun doute le pain de seigle ! Le pain de seigle est devenu un **aliment de base** de mon régime alimentaire, et je ne peux pas imaginer la vie sans lui. Je le mange au petit-déjeuner, au déjeuner et au dîner, et parfois même comme collation. Il est tellement polyvalent et délicieux. J'adore essayer de nouvelles recettes avec

kas mani dziļi uzrunā. Tā ir zemes garša un nedaudz salda, bet tai ir arī nedaudz pikanta garša fermentācijas procesa rezultātā. Tai vienkārši **nevar pretoties**. Tagad es nevaru iedomāties dzīvi bez rudzu maizes - tā ir kļuvusi par neatņemamu manas **personības sastāvdaļu**.

Nezinu, kas tas ir ar rudzu maizi, bet man tās vienkārši nepietiek. Tā ir kļuvusi par manas diētas pamatu, un es to ēdu katru dienu. **Brokastīs**, pusdienās, vakariņās - dažreiz pat kā uzkodu. Man patīk izmēģināt jaunas receptes ar rudzu maizi, un tās ir bezgalīgi daudz. Atkarībā no noskaņojuma var pagatavot saldus vai **sāļus** ēdienus. Un, ja jūtaties patiešām drosmīgi, ar to var pat cept! Rudzu maizes garša ir kaut kas tāds, kas mani dziļi uzrunā. Tā ir zemes garša un nedaudz **salda,** bet tai ir arī nedaudz pikanta garša **fermentācijas** procesa rezultātā. Tai vienkārši nevar pretoties. Rudzu maize ir viena no manām mīļākajām lietām pasaulē - es varētu ēst to visu dienu! Par laimi man (un manai vidukļa līnijai), ir tik daudz dažādu veidu, kā izbaudīt šo garšīgo ēdienu.

du pain de seigle, et les possibilités sont infinies. Vous pouvez préparer des plats sucrés ou salés, selon votre **humeur**. Et si vous vous sentez vraiment aventureux, vous pouvez même le cuisiner ! Il y a quelque chose dans le goût du seigle qui me parle profondément. Elle est terreuse et légèrement sucrée, mais elle a aussi un peu de piquant dû au processus de fermentation. C'est tout simplement **irrésistible**. Je ne peux plus imaginer ma vie sans pain de seigle, il fait désormais partie intégrante de ma **personnalité**.

Je ne sais pas ce que c'est que le pain de seigle, mais je ne peux pas m'en passer. C'est devenu un aliment de base dans mon régime alimentaire, et j'en mange tous les jours. **Petit-déjeuner**, déjeuner, dîner, et parfois même en guise d'en-cas. J'adore essayer de nouvelles recettes avec du pain de seigle, et les possibilités sont infinies. Vous pouvez préparer des plats sucrés ou **salés**, selon votre humeur. Et si vous vous sentez vraiment aventureux, vous pouvez même le cuisiner ! Il y a quelque chose dans le goût du seigle qui me parle profondément. Elle est terreuse et légèrement **sucrée**, mais elle a aussi un peu de piquant dû au processus de **fermentation**. C'est tout simplement irrésistible. Le pain de seigle est l'une de mes choses préférées au monde - je pourrais en manger toute la journée ! Heureusement pour moi (et pour mon tour de taille), il y a tellement de façons différentes de déguster ce délicieux aliment.

Izpratnes jautājumi

1. Kāda bija pirmā reize, kad galvenais varonis ēda rudzu maizi?

2. Kur galvenais varonis pirmo reizi ēda rudzu maizi?

3. Kāpēc galvenā varoņa vecmāmiņas mājās rupjmaize ir vislabākā?

4. Kāda ir rudzu maizes garša?

5. Kāda ir galvenā varoņa apsēstība kopš brīža, kad viņš pirmo reizi ēda rudzu maizi?

6. Kas galvenajam varonim patīk rudzu maizes garšā?

7. Kas ir kļuvis par galveno varoņa uztura sastāvdaļu?

8. Cik bieži galvenais varonis ēd rupjmaizi?

9. Kādi ir daži no dažādajiem veidiem, kā varonis bauda rupjmaizi?

10. Kāpēc rudzu maize ir viena no galvenā varoņa mīļākajām lietām pasaulē?

Questions de compréhension

1. Quelle est la première fois que le protagoniste a mangé du pain de seigle ?

2. Où le protagoniste a-t-il mangé du pain de seigle pour la première fois ?

3. Pourquoi le pain de seigle de la grand-mère du protagoniste est-il le meilleur ?

4. Quel est le goût du pain de seigle ?

5. Depuis la première fois que le protagoniste a mangé du pain de seigle, quelle a été son obsession ?

6. Qu'est-ce que le protagoniste aime dans le goût du pain de seigle ?

7. Qu'est-ce qui est devenu un aliment de base dans le régime alimentaire du protagoniste ?

8. A quelle fréquence le protagoniste mange-t-il du pain de seigle ?

9. Quelles sont les différentes façons dont le protagoniste apprécie le pain de seigle ?

10. Pourquoi le pain de seigle est-il l'une des choses que le protagoniste préfère au monde ?

Ziemassvētku eglītes

Ziemassvētku eglīte bija skaists skats. Tā bija noklāta ar **gaismiņām** un rotājumiem, un tā padarīja visu istabu svinīgu. Taču šajā eglītē bija kaut kas atšķirīgs. Tā bija ne tikai tā, kā tā izskatījās, bet arī tā, kā tā jutās. Tā šķita maģiska. Tiklīdz viņi ienāca istabā, viņi saprata, ka šogad Ziemassvētku eglīte ir kaut kas **citādāka.** Tā ne tikai izskatījās skaistāka nekā jebkad agrāk; tā bija īpaša. Viņi nevarēja izskaidrot, kāpēc, bet abi zināja, ka šī gada eglīte būs **īpaša.** Kad viņi sāka rotāt eglīti, viņus pārņēma satraukums un nepacietība. Viņi zināja, ka šogad notiks kaut kas **maģisks.** Un, kad viņi pabeidza likt pēdējo rotājumu, viņi dzirdēja **klusu** balsi: "Paldies."

Viņi pārsteigti paskatījās viens uz otru; bija skaidrs, ka balss nāk no eglītes. Viņi nevarēja tam **noticēt!** Tā patiešām bija maģija. Dažas nākamās dienas pagāja satraukuma pilnā miglā. Visa māja bija piepildīta ar Ziemassvētku garu, un tas viss, pateicoties **maģiskajai** eglītei. Viņi nevarēja noticēt, cik ļoti viņiem paveicās, ka viņiem ir tik īpaša eglīte. Ziemassvētku vakarā viņi devās gulēt, jūtoties laimīgi un apmierināti. Viņi zināja, ka Ziemassvētku vecītis drīz nāks, bet viņi arī zināja, ka īstā Ziemassvētku **burvība** ir tieši viņu pašu

Arbres de Noël

L'arbre de Noël était magnifique. Il était couvert de **lumières** et de décorations, et il donnait à toute la pièce un air de fête. Mais il y avait quelque chose de différent avec cet arbre. Ce n'était pas seulement son apparence, c'était aussi son toucher. C'était magique. Dès qu'ils sont entrés dans la pièce, ils ont su que l'arbre de Noël de cette année avait quelque chose de **différent**. Ce n'était pas seulement qu'il était plus beau que jamais, il était spécial. Ils ne pouvaient pas expliquer pourquoi, mais ils savaient tous les deux que l'arbre de cette année allait être très **spécial**. En commençant à décorer l'arbre, ils ont ressenti un sentiment d'excitation et d'anticipation. Ils savaient que quelque chose de **magique** allait se produire cette année. Et comme de juste, alors qu'ils finissaient de mettre la dernière décoration, ils ont entendu une voix **douce** dire "Merci".

Ils se sont regardés avec étonnement ; il était clair que la voix venait de l'arbre de Noël. Ils n'en **reviennent pas** ! C'était vraiment magique. Les jours suivants ont été marqués par l'excitation. La maison entière était remplie de l'esprit de Noël, et tout cela grâce à l'arbre **magique**. Ils n'arrivaient pas à croire à la chance qu'ils

viesistabā. Nākamajā rītā viņi pamodās un ieraudzīja **pārsteidzošāko** skatu. Visa istaba bija piepildīta ar dāvanām, un eglīti ieskaujēja skaists mirdzums. Viņi zināja, ka šie Ziemassvētki viņiem paliks **atmiņā uz** visiem laikiem. Paldies, ka izvēlējāties mūsu eglīti; tā patiešām ir **maģiska**.

Ziemassvētku rītā, sēžot ap eglīti, atverot dāvanas un baudot viens otra **sabiedrību,** viņi zināja, ka šie ir labākie Ziemassvētki. Viņiem bija tik ļoti paveicies, ka viņi bija atraduši tik īpašu eglīti. Tā bija padarījusi visu viņu svētku sezonu **perfektu**. Skatoties uz eglīti, viņi jutās pateicīgi par burvību, ko tā bija ienesusi viņu dzīvē. Viņi zināja, ka tā paliks viņu ģimenē uz **visiem laikiem**. Paldies, Ziemassvētku eglīte, ka padarīji mūsu brīvdienu sezonu tik īpašu. Mēs vienmēr atcerēsimies tevi un tavas maģiskās **spējas**.

avaient d'avoir un arbre si spécial. Le soir de Noël, ils se couchent heureux et satisfaits. Ils savaient que le Père Noël allait bientôt arriver, mais ils savaient aussi que la vraie **magie** de Noël se trouvait dans leur propre salon. Le lendemain matin, ils se sont réveillés avec un spectacle des plus **étonnants**. La pièce entière était remplie de cadeaux, et le sapin était entouré d'une magnifique lueur. Ils savaient que ce Noël serait celui dont ils **se souviendraient** toujours. Merci d'avoir choisi notre arbre, il est vraiment **magique**.

Alors qu'ils étaient assis autour du sapin le matin de Noël, ouvrant les cadeaux et profitant de la **compagnie de l'autre**, ils savaient que c'était le meilleur Noël de tous les temps. Ils étaient si chanceux d'avoir trouvé un arbre si spécial. Il avait rendu leur saison de vacances **parfaite**. En regardant le sapin, ils se sentent reconnaissants de la magie qu'il a apportée dans leur vie. Ils savaient qu'il ferait partie de leur famille **pour toujours**. Merci, arbre de Noël, d'avoir rendu notre saison de vacances si spéciale. Nous nous souviendrons toujours de toi et de tes **pouvoirs** magiques.

Izpratnes jautājumi

1. Kas bija atšķirīgs šī gada Ziemassvētku eglītē?

2. Kā dekorētāji jutās, kad rotāja eglīti?

3. Kāpēc šis koks bija īpašs?

4. Ko viņi dzirdēja sakām koku?

5. Kā eglīte padarīja svētku sezonu perfektu?

6. Par ko ģimene jutās pateicīga?

7. Vai viņi vienmēr atcerēsies koku?

8. Kā koks ienesa burvību ģimenes dzīvē?

9. Ko ģimene nekad neaizmirsīs par koku?

10. Kas padarīja koku tik unikālu?

Questions de compréhension

1. Qu'est-ce qui était différent dans l'arbre de Noël de cette année ?

2. Comment les décorateurs se sont-ils sentis avec l'arbre ?

3. Pourquoi l'arbre était-il si spécial ?

4. Qu'ont-ils entendu l'arbre dire ?

5. Comment l'arbre a-t-il rendu la saison des fêtes parfaite ?

6. De quoi la famille s'est-elle sentie reconnaissante ?

7. Se souviendront-ils toujours de l'arbre ?

8. Comment l'arbre a-t-il apporté de la magie dans la vie de la famille ?

9. Qu'est-ce que la famille n'oubliera jamais à propos de l'arbre ?

10. Qu'est-ce qui rendait l'arbre si unique ?

Venta Rumba

Saule rietēja virs Ventas rumba, **ūdenskrituma** Latvijā. Ūdens mirdzēja pēdējos saules staros, un gaisu piepildīja ūdens šalkoņa. Tā bija mierīga vieta, un uz mirkli šķita, ka laiks ir apstājies. Pēkšņi atskanēja skaļš šļakats, kad kaut kas iekrita ūdenī. No dzīlēm, elpojot un elpojot, iznirusi jauna sieviete. Viņa bija **peldējusi** augšpus straumes un nonākusi pārāk tuvu ūdenskritumam. Tagad viņa turējās pie akmens, cenšoties atvilkt elpu, pirms spēcīgā straume viņu atkal ievilka zem ūdens. Viņa zināja, ka nevarēs šeit palikt uz visiem laikiem; galu galā viņai nāksies peldēt vai mirt, mēģinot to izdarīt. Viņa atspiedās no dzegas un devās **krasta virzienā**. Šķita, ka tā ir mūžība, bet beidzot viņa nokļuva drošībā un nogurusi, bet dzīva nokrita **krastā.**

Sievietes vārds bija Anna, un **sirdī** viņa bija piedzīvojumu meklētāja. Viņa jau gadiem ilgi bija pētījusi pasauli, un šķita, ka tā vienmēr atrod jaunus veidus, kā viņu pārsteigt. Šoreiz viņa bija peldējusies kādā Latvijas **upē,** kad pārāk **tuvu pietuvojās** Ventas Rumbas ūdenskritumam un straume viņu ievilka zem ūdens. Par laimi, viņa bija spēcīga peldētāja un spēja nokļūt krastā. Taču tagad viņa bija iestrēgusi svešā valstī bez **naudas** un personu apliecinošiem dokumentiem. Viņai vajadzēja kaut kā atrast ceļu

Venta Rumba

Le soleil se couchait sur Venta Rumba, une **chute d'eau** en Lettonie. L'eau scintille dans les derniers rayons du soleil et l'air est rempli du bruit de l'eau qui coule. C'était un endroit paisible, et pendant un moment, le temps semblait s'être arrêté. Soudain, il y a eu un grand plouf et quelque chose est tombé dans l'eau. Une jeune femme a émergé des profondeurs, haletant pour respirer. Elle avait **nagé en** amont et s'était approchée trop près des chutes. Maintenant, elle s'accroche à un rocher, essayant de reprendre son souffle avant d'être à nouveau aspirée par le fort courant. Elle savait qu'elle ne pouvait pas rester ici éternellement ; elle devrait éventuellement nager pour se sauver ou mourir en essayant. Elle s'est poussée du rebord et s'est dirigée vers le **rivage**. Cela lui a semblé une éternité, mais elle a finalement atteint la sécurité et s'est effondrée sur la **rive**, épuisée mais vivante.

La femme s'appelait Anna, et c'était une aventurière dans l'**âme**. Elle explorait le monde depuis des années, et celui-ci semblait toujours trouver de nouvelles façons de la surprendre. Cette fois-ci, elle se baignait dans une **rivière** en Lettonie lorsqu'elle s'est **approchée** trop **près** de la cascade Venta Rumba et a été entraînée par le courant. Heureusement, c'est une bonne nageuse

atpakaļ uz mājām. Anna sāka iet pret straumi, cerot atrast **tiltu** vai ko citu, kas viņai palīdzētu pārcelties pāri upei. Pēc brīža viņa nonāca pie neliela ciemata, kas atradās **ielejā** zem ūdenskrituma. Izskatījās, ka tas nav redzējis daudz apmeklētāju; varbūt viņi varētu viņai palīdzēt?

Anna devās uz **ciematu,** un drīz vien viņu sagaidīja draudzīga sieviete, kas uzstājās kā Inga. Viņa paskaidroja, ka šajā apvidū nav tiltu, bet viņa varētu palīdzēt Annai nokļūt mājās. Inga aizveda Annu uz savām mājām un paēdināja viņu ar **siltu** maltīti, bet pēc tam izvilka vecu karti. Tajā bija norādīts ceļš cauri kalniem, pa kuru Anna varētu atgriezties Latvijā. Ar Ingas palīdzību Anna sapakoja **krājumus** un nākamajā rītā devās ceļā. Ceļš bija grūts, bet pēc vairāku dienu pārgājiena Anna beidzot atgriezās Latvijā. Viņa bija nogurusi un netīra, bet jutās sajūsmā par **piedzīvojumu**. Viņa zināja, ka nekad neaizmirsīs Ventas rumbu un laipnos cilvēkus, kas viņai bija palīdzējuši ceļā.

et elle a pu rejoindre la rive. Mais elle s'est retrouvée bloquée dans un pays étranger, sans **argent** ni papiers d'identité. Elle doit trouver un moyen de rentrer chez elle. Anna a commencé à remonter le courant, dans l'espoir de trouver un **pont** ou quelque chose qui l'aiderait à traverser la rivière. Après un moment, elle est tombée sur un petit village niché dans la **vallée** en dessous des chutes. Il semblait ne pas avoir vu beaucoup de visiteurs ; peut-être pourraient-ils l'aider ?

Anna s'est rendue au **village** et a été accueillie par une femme sympathique qui s'est présentée comme Inga. Elle lui a expliqué qu'il n'y avait pas de pont dans la région, mais qu'elle pourrait peut-être aider Anna à rentrer chez elle. Inga a emmené Anna chez elle et lui a servi un repas **chaud** avant de sortir une vieille carte. Elle indique une route à travers les montagnes qui ramènerait Anna en Lettonie. Avec l'aide d'Inga, Anna a préparé quelques **provisions** et s'est mise en route le lendemain matin. La route est difficile, mais après plusieurs jours de marche, Anna parvient enfin à rentrer en Lettonie. Elle est fatiguée et sale, mais elle se sent exaltée par son **aventure**. Elle sait qu'elle n'oubliera jamais Venta Rumba ni les personnes qui l'ont aidée en chemin.

Izpratnes jautājumi

1. Kāds bija ūdenskrituma nosaukums?

2. Kādā valstī atradās ūdenskritums?

3. Ko darīja Anna, kad viņa nokļuva pārāk tuvu ūdenskritumam?

4. Kā Anna jutās, kad viņa nokļuva krastā?

5. Kas palīdzēja Annai, kad viņa nokļuva ciematā?

6. Ko Inga darīja, lai palīdzētu Annai?

7. Cik ilgā laikā Anna atgriezās Latvijā?

8. Kā Anna jutās, kad atgriezās Latvijā?

9. Kāda bija viena lieta, ko Anna zināja, ka nekad neaizmirsīs?

Questions de compréhension

1. Quel était le nom de la chute d'eau ?

2. Dans quel pays se trouvait la chute d'eau ?

3. Qu'a fait Anna lorsqu'elle s'est approchée trop près de la cascade ?

4. Comment Anna s'est sentie quand elle a atteint le rivage ?

5. Qui a aidé Anna quand elle est arrivée au village ?

6. Qu'a fait Inga pour aider Anna ?

7. Combien de temps Anna a-t-elle mis pour rentrer en Lettonie ?

8. Comment Anna s'est-elle sentie quand elle est rentrée en Lettonie ?

9. Quelle était la seule chose qu'Anna savait qu'elle n'oublierait jamais ?

Dainas tautas mūzika

Dainu tautas mūzika Latvijā ir **skaista** un unikāla mūzikas forma, kas tiek nodota no paaudzes paaudzē. Mūzikai raksturīgi seni instrumenti, piemēram, kokle, kas ir citru veids, un pašas dainas ir īsas dziesmas, kas stāsta stāstus vai pauž **emocijas**. Viena īpaša dziesma "Dievs, svētais un māte" ("Dievs, svētais un māte") man ir īpaši īpaša. To man dziedāja mana **vecmāmiņa,** kad biju maza meitene, un vienmēr, kad to dzirdu, tā man atsauc atmiņas par viņu. Dziesma stāsta par mātes mīlestību pret savu bērnu, neatkarīgi no tā, ko viņš ir darījis nepareizi. Tas ir atgādinājums, ka mūs visus kāds šajā pasaulē mīl **bez nosacījumiem.**

Ikreiz, kad klausos Dainas tautas mūziku, es atgriežos savās bērnības mājās Latvijā, kur **vecmāmiņa** man dziedāja šīs skaistās dziesmas. Lai gan viņas fiziski vairs nav kopā ar mums, viņas balss joprojām dzīvo šajās melodijās un tekstos. Dainu tautas mūzika vienmēr ir bijusi svarīga manas dzīves sastāvdaļa. Ikreiz, kad es dzirdu dainu, tā atsauc atmiņā **bērnību** un visus laimīgos brīžus, ko pavadīju kopā ar savu ģimeni. Atceros vienu īpašu vasaru, kad mēs pavadījām slinkas dienas pie upes, **makšķerējot** un peldoties. Vakaros

Musique folklorique Daina

La musique folklorique daina de Lettonie est une forme de musique **magnifique** et unique qui a été transmise de génération en génération. Cette musique se caractérise par l'utilisation d'instruments anciens, tels que le kokle, qui est un type de cithare, et les dainas eux-mêmes sont de courtes chansons qui racontent des histoires ou expriment des **émotions**. Une chanson en particulier, "Dievs, svetiņš un māte," ("Dieu, le Saint, et la Mère"), est particulièrement spéciale pour moi. Elle m'a été chantée par ma **grand-mère** lorsque j'étais petite, et elle me rappelle toujours des souvenirs d'elle chaque fois que je l'entends. La chanson raconte l'histoire de l'amour d'une mère pour son enfant, peu importe ce qu'il a pu faire de mal. Elle nous rappelle que nous sommes tous aimés **inconditionnellement** par quelqu'un dans ce monde.

Chaque fois que j'écoute de la musique folklorique Daina, je suis transportée dans la maison de mon enfance en Lettonie où ma **grand-mère** me chantait ces belles chansons. Même si elle n'est plus là physiquement, sa voix est toujours présente dans ces mélodies et ces paroles. La musique folklorique daina a toujours occupé une place importante dans ma vie.

mēs sēdējām pie ugunskura, un vecmāmiņa mums dziedāja dainas. Lai gan viņa nezināja visus vārdus, viņa pati izdomāja dziesmas vārdus, lai tie atbilstu melodijai. Mēs visi smējāmies un klaigājām līdzi, kad viņa **dziedāja**.

Tie bija vieni no labākajiem laikiem manā dzīvē. Mūsdienās, kad man ir **ilgas pēc mājām** vai bēdu sajūta, es ieslēdzu kādu Dainas tautas mūziku, un tā vienmēr palīdz man justies labāk. Tas ir kā mazs gabaliņš Latvijas, ko es varu paņemt līdzi, lai kurp es dotos. Dainu tautas **mūzika** ir tik īpašs un unikāls mūzikas veids. Tai piemīt spēja pārcelt tevi citā laikā un vietā, un tā vienmēr nes sev līdzi **priecīgas** atmiņas. Tāpēc es esmu tik pateicīga, ka mana vecmāmiņa man nodeva šo muzikālo tradīciju. Ikreiz, kad es dzirdu dainu, es atceros viņas balsi, kas man bērnībā dziedāja šīs skaistās dziesmas. Lai gan viņas vairs nav kopā ar mums, viņas balss joprojām dzīvo šajās melodijās. Un **par** to es mūžīgi būšu **pateicīga**.

Chaque fois que j'entends une daina, cela me rappelle mon **enfance** et tous les moments heureux que j'ai passés avec ma famille. Je me souviens d'un été particulier où nous passions des journées paresseuses à la rivière, à **pêcher** et à nager. Le soir, nous nous asseyions autour du feu de camp et grand-mère nous chantait des dainas. Même si elle ne connaissait pas tous les mots, elle inventait ses propres paroles pour les adapter à la mélodie. Nous riions tous et applaudissions en même temps qu'elle **chantait**.

Ce furent les meilleurs moments de ma vie. Aujourd'hui, lorsque j'ai **le mal du pays** ou le cafard, je mets un peu de musique folklorique de Daina et je me sens toujours mieux. C'est comme un petit morceau de Lettonie que je peux emmener avec moi partout où je vais. La **musique** folklorique daina est une forme de musique si particulière et unique. Elle a le pouvoir de vous transporter dans un autre temps et un autre lieu, et elle apporte toujours avec elle des souvenirs **heureux**. C'est pourquoi je suis si reconnaissante que ma grand-mère m'ait transmis cette tradition musicale. Chaque fois que j'entends une daina, je me souviens de sa voix qui me chantait ces belles chansons quand j'étais enfant. Même si elle n'est plus parmi nous, sa voix continue de vivre dans ces mélodies. Et pour cela, je **lui** serai toujours **reconnaissante**.

Izpratnes jautājumi

1. Kas ir latviešu tautas mūzika Daina?

2. Kādas ir Dainas tautas mūzikas īpatnības?

3. Par ko ir dziesma "Dievs, svetiņš un māte"?

4. Kāpēc šī dziesma autoram ir īpaša?

5. Kādas ir autora atmiņas par Dainas tautas mūzikas klausīšanos bērnībā?

6. Kā autore jūtas, dzirdot Dainas tautas mūziku tagad?

7. Kādas ir autora mīļākās atmiņas par Dainas tautas mūzikas klausīšanos?

8. Ko autors domā par Dainas tautas mūziku?

9. Kāpēc autore ir pateicīga savai vecmāmiņai?

Questions de compréhension

1. Qu'est-ce que la musique folklorique Daina de Lettonie ?

2. Quelles sont certaines des caractéristiques de la musique folklorique Daina ?

3. De quoi parle la chanson "Dievs, svetiņš un māte" ?

4. Pourquoi cette chanson est-elle spéciale pour l'auteur ?

5. Quels sont les souvenirs de l'auteur concernant la musique folklorique Daina qu'il a entendue dans son enfance ?

6. Que ressent l'auteur quand elle entend la musique folklorique Daina maintenant ?

7. Quel est le meilleur souvenir de l'auteur concernant la musique folklorique Daina ?

8. Que pense l'auteur de la musique folklorique Daina ?

9. Pourquoi l'auteur est-élle reconnaissante envers sa grand-mère ?

Gaujas nacionālais parks

Gaujas nacionālais parks ir skaista **vieta**. **Ainavas** ir elpu aizraujošas, un **savvaļas dzīvnieki** ir pārsteidzoši. Nekad agrāk neko līdzīgu neesmu redzējis. Es šeit esmu kopā ar ģimeni, un mēs pavadām savu mūža laiku. Mēs esam devušies pārgājienos, braukuši ar kanoe un izpētījuši visu, ko piedāvā šis parks. Es nevaru sagaidīt, kad drīz atkal atgriezīsimies. Šodien mēs nolēmām doties garākā pārgājienā. Mēs sapakojām pusdienas un agri no **rīta devāmies** ceļā. Taka bija izaicinoša, bet tā bija tā vērta. Mēs redzējām dažus neticamus skatus un pa ceļam pat pamanījām dažus savvaļas dzīvniekus. Mēs atgriezāmies savā kempingā tieši tad, kad **saule jau** rietēja. Šī bija pārsteidzoša diena, un es **jau gaidu** rītdienas piedzīvojumus.

Rīt ir mūsu pēdējā diena Gaujas Nacionālajā parkā. Mēs esam izbaudījuši katru **minūti,** bet esam gatavi doties mājās. Esmu ļoti pateicīgs par šo pieredzi un visu, ko esmu iemācījies. Es nekad neaizmirsīšu šīs vietas **skaistumu un atmiņas, ko** šeit esam radījuši. Kad mēs sakravājam savas mantas un atvadāmies no Gaujas Nacionālā parka, es nevaru palīdzēt, bet jūtos

Parc national Gauja

Le parc national de Gauja est un **endroit** magnifique. Les **paysages** sont à couper le souffle et la **faune** est incroyable. Je n'ai jamais rien vu de tel auparavant. Je suis ici avec ma famille et nous passons le meilleur moment de notre vie. Nous avons fait de la randonnée, du canoë et nous avons exploré tout ce que le parc a à offrir. J'ai hâte de revenir bientôt. Aujourd'hui, nous avons décidé de faire une plus longue randonnée. Nous avons préparé un déjeuner et sommes partis tôt le **matin**. Le sentier était difficile, mais il en valait la peine. Nous avons vu des panoramas incroyables et même aperçu quelques animaux sauvages en chemin. Nous sommes rentrés à notre campement au moment où le **soleil** se couchait. C'était une journée incroyable et j'ai **déjà** hâte de vivre les aventures de demain.

Demain est notre dernier jour ici au parc national de Gauja. Nous avons apprécié chaque **minute** mais nous sommes prêts à rentrer à la maison. Je suis tellement reconnaissante pour cette expérience et tout ce que j'ai appris. Je n'oublierai jamais la **beauté** de cet endroit ni les **souvenirs que** nous avons créés ici. Alors que nous rangeons nos affaires et disons au revoir au parc

nedaudz skumji. Šis ir bijis pārsteidzošs ceļojums, bet visam labajam ir jābeidzas. Es jau ar nepacietību gaidu mūsu nākamo **kopīgo** ģimenes piedzīvojumu.

Līdz tam es glabāsim **atmiņas par** šo īpašo vietu. Ceļš uz mājām ir garš, bet mēs visi esam labā noskaņojumā. Mēs sarunājamies un smejamies par visām jautrībām, ko piedzīvojām pagājušajā nedēļā. Es esmu tik pateicīga par savu ģimeni un šo brīnišķīgo **pieredzi**. Es nevaru vien sagaidīt, kad drīz atkal atgriezīšos Gaujas Nacionālajā parkā. Kad iebraucam mūsu piebraucamajā ceļā, es nevaru palīdzēt, bet jūtu atvieglojumu. Ir labi būt **mājās**. Es jau ar nepacietību gaidu nākamo reizi, kad varēsim kopā **izpētīt** šo skaisto parku. Līdz tam es glabāsim atmiņas par mūsu piedzīvojumu tuvu pie sirds.

national Gauja, je ne peux m'empêcher de me sentir un peu triste. Ce fut un voyage extraordinaire, mais toutes les bonnes choses ont une fin. Je me réjouis déjà de notre prochaine aventure **en** famille.

En attendant, je vais chérir les **souvenirs** de cet endroit spécial. Le trajet du retour est long mais nous sommes tous de bonne humeur. Nous discutons et rions de tous les plaisirs que nous avons eus au cours de la semaine écoulée. Je suis tellement reconnaissante pour ma famille et cette merveilleuse **expérience**. J'ai hâte de revenir bientôt au parc national Gauja. Alors que nous nous engageons dans notre allée, je ne peux m'empêcher de ressentir un sentiment de soulagement. C'est bon d'être à la **maison**. J'attends déjà avec impatience la prochaine fois que nous pourrons **explorer** ce magnifique parc ensemble. D'ici là, je garderai les souvenirs de notre aventure près de mon cœur.

Izpratnes jautājumi

1. Kāds ir autora viedoklis par Gaujas nacionālo parku?

2. Ko autors ir darījis Gaujas Nacionālajā parkā?

3. Kāds ir autora viedoklis par Gaujas nacionālā parka dzīvniekiem un augiem?

4. Kāds ir autora viedoklis par Gaujas nacionālā parka ainavām?

5. Ko autors šodien darīja?

6. Kāds ir autora viedoklis par taku, pa kuru viņi šodien devās pārgājienā?

7. Ko autors šodien redzēja pārgājienā?

8. Kurā diennakts laikā autors pabeidza pārgājienu?

9. Kāds ir autora viedoklis par ceļojumu kopumā?

10. Kāds ir autora plāns, kad viņi atgriezīsies mājās?

Questions de compréhension

1. Quelle est l'opinion de l'auteur sur le parc national de Gauja ?

2. Qu'a fait l'auteur pendant son séjour au parc national de Gauja ?

3. Quelle est l'opinion de l'auteur sur la faune du parc national de Gauja ?

4. Que pense l'auteur des paysages du parc national de Gauja ?

5. Qu'a fait l'auteur aujourd'hui ?

6. Quelle est l'opinion de l'auteur sur le sentier qu'ils ont emprunté aujourd'hui ?

7. Qu'est-ce que l'auteur a vu pendant sa randonnée aujourd'hui ?

8. A quelle heure de la journée l'auteur a-t-il terminé sa randonnée ?

9. Quelle est l'opinion de l'auteur sur l'ensemble de leur voyage ?

10. Quel est le plan de l'auteur lorsqu'ils rentrent chez eux ?

Rundāles pils

Rundāles pils reiz bija krāšņs skats. Tā tika uzcelta 18. gadsimta sākumā, un tajā dzīvoja daudzas **dižciltīgas** ģimenes. Tomēr laika gaitā tā pamazām pamazām sāka pussabruka un tagad ir tikai drupas. Taču pat pašreizējā stāvoklī pils joprojām glabā **zināmu** šarmu. Kādā vasaras dienā jauna sieviete vārdā Anna, iepazīstot lauku ainavas, nonāca pie Rundāles pils. Viņa bija dzirdējusi stāstus par pili, bet nekad nedomāja, ka redzēs to **klātienē**. Tuvojoties pils ēkai, viņa redzēja, ka tā patiešām ir nolaista. Taču, neraugoties uz pils stāvokli, viņa nespēja vien sajūsmināties par tās **lielumu** un varenību. Izpētot pils teritoriju, Anna jutās tā, it kā būtu pārcēlusies citā laikmetā.

Viņa varēja iedomāties, kā tur bija jādzīvo pirms vairākiem gadsimtiem, kad to vēl apdzīvoja muižnieku ģimenes. Lai gan tagad tas bija tikai ēna no sava kādreizējā "es", Anna jutās laimīga, ka varēja klātienē iepazīt tik brīnišķīgu vietu. Turpinot **pētīt** Rundāles pili, Anna saskārās ar slēptu kāpņu telpu, kas veda uz jumta. Viņa uzkāpa pa kāpnēm un nokļuva uz **jumta,** kur viņu sagaidīja neticams skats. No sava skatu punkta viņa varēja redzēt jūdzes uz visām pusēm. Tas bija patiesi elpu aizraujošs. Anna kādu laiku palika uz jumta, vērojot ainavu un ļaujoties iztēlei. Viņa iztēlojās, kā būtu

Palais Rundale

Le palais Rundale était autrefois un lieu magnifique. Il a été construit au début du 18e siècle et a été la demeure de nombreuses familles **nobles**. Cependant, avec le temps, il s'est délabré et n'est plus qu'une ruine. Mais même dans son état actuel, le palais conserve un **certain** charme. Un jour d'été, une jeune femme nommée Anna est tombée sur le palais Rundale en explorant la campagne. Elle avait entendu des histoires sur le palais mais n'avait jamais pensé qu'elle le verrait en **personne**. En s'approchant, elle a pu constater qu'il était en effet dans un état de délabrement avancé. Mais malgré son état, elle ne peut s'empêcher d'être impressionnée par sa **taille** et sa grandeur. En explorant le parc du palais, Anna a eu l'impression d'être transportée dans le temps, à une autre époque.

Elle pouvait imaginer ce que cela devait être de vivre là, il y a des siècles, quand il était encore habité par des familles de noblesse obligée . Même s'il n'était plus que l'ombre de lui-même, Anna se sentait chanceuse d'avoir vécu dans un endroit aussi étonnant. En continuant d'**explorer** le palais Rundale, Anna est tombée sur un escalier caché qui menait au toit. Elle a grimpé les escaliers et a émergé sur le **toit**, où elle a été accueillie par une vue incroyable. De son point d'observation,

bijis būt vienai no dižciltīgajām ģimenēm, kas reiz tur dzīvoja. Viņa iztēlojās, kā greznās balles notiek greznās balles zālēs un dāmas pastaigājas pa koptiem dārziem. Lai gan šie laiki jau sen bija pagājuši, Anna jutās tā, it kā būtu ieskatījusies citā **pasaulē**.

Kad saule sāka rietēt, Anna negribīgi pameta **jumtu un** sāka doties atpakaļ pa apslēptajām kāpnēm. Taču, pirms viņa nokļuva lejā, viņa sadzirdēja troksni, kas nāca no viena no apakšējiem stāviem. Tas izklausījās tā, it kā kāds raudātu. Anna piesardzīgi nokāpa uz to stāvu, kur viņa bija dzirdējusi troksni, un sekoja tam, līdz nonāca pie durvīm. Viņa brīdi **vilcinājās,** bet tad nolēma tās atvērt. Iekšpusē viņa atrada vecu sievieti, kas sēdēja uz gultas nelielā istabā, kura bija pilna ar **kastēm** un citām mantām. Sieviete ar asarām acīs paskatījās uz Annu. Izrādījās, ka šī sieviete bija viena no pēdējām Rundāles pils iemītniecēm. Viņa stāstīja Annai par to, ka viņas ģimene kādreiz bija viena no dižciltīgajām ģimenēm, kas tur dzīvoja pirms vairākiem gadsimtiem, bet tagad viņi visi ir aizgājuši, un viņa palikusi **viena**. Sieviete sacīja, ka dažreiz viņa jūtas tā, it kā dzīvotu spoku pilsētā.

elle pouvait voir à des kilomètres dans toutes les directions. C'était vraiment à couper le souffle. Anna est restée sur le toit pendant un certain temps, admirant le paysage et laissant **libre** cours à son imagination. Elle a imaginé ce que cela aurait été d'être l'une des familles nobles qui vivaient là autrefois. Elle s'imaginait des bals grandioses organisés dans des salles de bal somptueuses et des dames se promenant dans des jardins bien entretenus. Même si cette époque est révolue depuis longtemps, Anna a l'impression d'avoir eu un aperçu d'un autre **monde**.

Alors que le soleil commence à se coucher, Anna quitte le **toit** à contrecœur et commence à redescendre par l'escalier caché. Mais avant d'atteindre le bas, elle a entendu un bruit provenant d'un des étages inférieurs. On aurait dit que quelqu'un pleurait. Anna descend prudemment à l'étage où elle a entendu le bruit et le suit jusqu'à ce qu'elle arrive à une porte. Elle a **hésité un moment**, puis a décidé de l'ouvrir. À l'intérieur, elle trouve une vieille femme assise sur un lit dans une petite pièce remplie de **boîtes** et d'autres objets. La femme lève les yeux vers Anna, les larmes aux yeux. Il s'avère que la femme est l'un des derniers résidents du palais de Rundale. Elle a raconté à Anna que sa famille faisait partie des familles nobles qui vivaient là il y a des siècles, mais qu'ils étaient tous partis et qu'elle était **seule**. La femme a dit que parfois elle avait l'impression de vivre dans une ville fantôme.

Izpratnes jautājumi

1. Kas ir Rundāles pils?

2. Kad tika uzcelta Rundāles pils?

3. Kādam nolūkam kādreiz tika izmantota Rundāles pils?

4. Kādiem mērķiem tagad tiek izmantota Rundāles pils?

5. Ko Anna domā par Rundāles pili?

6. Ko Anna iedomājās par Rundāles pili?

7. Ko Anna atrada uz Rundāles pils jumta?

8. Ko vecā sieviete pastāstīja Annai par Rundāles pili?

9. Kā Anna jutās pēc vecās sievietes stāsta?

10. Ko Anna apsolīja vecajai sievietei?

Questions de compréhension

1. Qu'est-ce que le Palais Rundale ?

2. Quand le Palais Rundale a-t-il été construit ?

3. A quoi servait autrefois le Palais Rundale ?

4. A quoi sert le Palais Rundale aujourd'hui ?

5. Que pense Anna du palais Rundale ?

6. Qu'est-ce qu'Anna a imaginé à propos du palais Rundale ?

7. Qu'a trouvé Anna sur le toit du palais Rundale ?

8. Qu'est-ce que la vieille femme a dit à Anna à propos du palais Rundale ?

9. Comment Anna s'est-elle sentie après avoir entendu l'histoire de la vieille femme ?

10. Qu'est-ce qu'Anna a promis à la vieille femme ?

Pringles

Es gāju cauri **pārtikas** veikalam, kad tos ieraudzīju, un rūpējos par savām lietām. Pringles Viņi sēdēja turpat plauktā un skatījās uz mani ar savām mazajām actiņām. Es zināju, ka nevajadzētu, bet nevarēju pretoties. Es aizsniedzos pēc bundžas, un, pirms es to pamanīju, tās jau bija manā grozā. Es paņēmu tās mājās un atvāru kārbu. Tas bija kā nekas, ko es nekad iepriekš nebiju piedzīvojusi. Pirmā čipsa trāpīja man uz **mēles** un eksplodēja garšas uzplūdā. sierains, sāļš labums, kas turpināja nākt un nākt. Neilgi pēc tam visa kārba bija beigusies, un es vēlējos vēl. Nepagāja ilgs laiks, un Pringles kļuva par manas diētas **pamatu.** Katru dienu pēc darba es atnācu mājās un atvēru bundžu (vai divas). Mani draugi sāka par mani uztraukties; viņi teica, ka ēst tik daudz Pringles nav **veselīgi**.

Bet kas viņi ir tie, kas var spriest? Viņi nedzīvo manu dzīvi. Tikai es zinu, kas man ir vislabākais! Un manuprāt, nav nekā labāka par **gardiem** Pringles čipsiem. Bet tad kādu dienu notika kaut kas tāds, kas visu mainīja. Es ēdu savu ierasto Pringles uzkodu pēc darba, kad pēkšņi sāku justies dīvaini. Bija tā, it kā čipsi manā **vēderā** būtu dzīvi, kņudinādamies un vicinādamies apkārt. Sākumā es centos to ignorēt, bet sāpes ātri vien kļuva pārāk stipras, lai tās izturētu. Es

Pringles

Je m'occupais de mes affaires, je traversais l'**épicerie** quand je les ai vus. Des Pringles Ils étaient assis là sur l'étagère, me fixant de leurs petits yeux. Je savais que je ne devais pas, mais je n'ai pas pu résister. J'ai attrapé la boîte et avant même de m'en rendre compte, elles étaient dans mon panier. Je les ai ramenés à la maison et j'ai ouvert la boîte. Ça ne ressemblait à rien de ce que j'avais connu auparavant. Le premier morceau a touché ma **langue** et a explosé en une explosion de saveur, de fromage et de sel qui n'en finissait pas. En un rien de temps, j'avais épuisé toute la boîte et j'en redemandais. Il n'a pas fallu longtemps pour que les Pringles deviennent un **aliment de base de** mon régime alimentaire. Tous les jours après le travail, je rentrais à la maison et ouvrais une boîte (ou deux). Mes amis ont commencé à s'inquiéter pour moi ; ils disaient que manger autant de Pringles n'était pas **sain**.

Mais qui sont-ils pour juger ? Ils ne vivent pas ma vie. Je suis le seul à savoir ce qui est le mieux pour moi ! Et en ce qui me concerne, il n'y a rien de mieux qu'une **délicieuse** pile de chips Pringles. Mais un jour, quelque chose est arrivé qui a tout changé. Je mangeais ma collation habituelle de Pringles après le travail quand

aizskrēju uz vannas istabu un izmetu visu, kas atradās manā vēderā... tostarp Pringles. Tie iznāca ārā veseli, it kā nemaz nebūtu sagremoti. Bija tā, it kā tie ņirgātos par mani, jo gulēja kaudzē uz grīdas. Tad es sapratu, ka man no tiem jāatsakās uz visiem laikiem. Tas nebija viegli, bet ar **draugu** un ģimenes palīdzību es galu galā uz visiem laikiem atbrīvojos no Pringle **atkarības**.

Mūsdienās , kad vien redzu šos mazos čipsus, kas uz mani raugās no veikala plaukta, es eju prom, ne mirkli nedomājot **par** tiem. Ir pagājuši vairāki gadi, kopš es neesmu ēdusi Pringle, bet kādu dienu es jutos nostalģiski un nolēmu nopirkt bundžu. Veco laiku dēļ, tikai vienu kārbu. Bet, tiklīdz es atvēru vāciņu un ieelpoju **pazīstamo** siera smaržu, visas atmiņas atgriezās. Labie un sliktie laiki, kad es nespēju sevi piespiest apēst pat vienu čipsu. Tā vietā es vienkārši sēdēju un skatījos uz tām, aizmaldījusies domās. Tas ir smieklīgi, kā kaut kas tik **mazs** var tik ļoti ietekmēt tavu dzīvi. Kurš gan būtu domājis, ka maza čipsu kaudzīte mani tik **ļoti** mainīs?

j'ai soudainement commencé à me sentir bizarre. C'était comme si les chips étaient vivantes dans mon **estomac**, se tordant et se tortillant dans tous les sens. J'ai d'abord essayé de l'ignorer, mais la douleur est vite devenue insupportable. Je me suis précipité dans la salle de bains et j'ai vomi tout ce que contenait mon estomac... y compris les Pringles. Ils sont sortis entiers, comme s'ils n'avaient jamais été digérés. C'était comme s'ils se moquaient de moi alors qu'ils gisaient en tas sur le sol. C'est alors que j'ai su que je devais les abandonner pour de bon. Ce n'était pas facile, mais avec l'aide de mes **amis** et de ma famille, j'ai fini par me débarrasser définitivement de ma **dépendance aux** Pringle.

Aujourd'hui, chaque fois que je vois ces petites chips qui me regardent dans les rayons de l'épicerie, je m'éloigne sans y **penser**. Cela fait quelques années que je n'ai pas mangé de Pringle, mais l'autre jour, nostalgique, j'ai décidé d'acheter une boîte. En souvenir du bon vieux temps, une seule boîte. Mais dès que j'ai ouvert le couvercle et que j'ai respiré l'odeur **familière du** fromage, tous ces souvenirs ont refait surface. Les bons et les mauvais moments, je n'ai pas pu me résoudre à manger une seule chips. Au lieu de cela, je suis resté assis là à les regarder, perdu dans mes pensées. C'est drôle comme une chose si **petite** peut avoir un si grand impact sur votre vie. Qui aurait cru qu'une petite pile de chips me changerait **autant** ?

Izpratnes jautājumi

1. Ko dara galvenais varonis, ieraugot Pringles?

2. Kā jūtas galvenais varonis pēc Pringles ēdiena ēšanas?

3. Kāpēc galvenā varoņa draugi sāk par viņiem uztraukties?

4. Kas notiek ar galveno varoni pēc tam, kad viņš apēd Pringles?

5. Kā jūtas galvenais varonis, atkal ieraugot Pringles?

6. Ko galvenais varonis dara ar Pringles?

7. Ko galvenais varonis domā par Pringles?

8. Ko par Pringles domā galvenā varoņa ģimene?

9. Kāds tagad ir galvenā varoņa viedoklis par Pringles?

10. Vai "Pringles" ir pozitīva vai negatīva ietekme uz galvenā varoņa dzīvi?

Questions de compréhension

1. Que fait le protagoniste quand il voit les Pringles ?

2. Comment le protagoniste se sent-il après avoir mangé les Pringles ?

3. Pourquoi les amis du protagoniste commencent-ils à s'inquiéter pour eux ?

4. Qu'arrive-t-il au protagoniste après qu'il ait mangé les Pringles ?

5. Que ressent le protagoniste lorsqu'il revoit les Pringles ?

6. Que fait le protagoniste avec les Pringles ?

7. Que pense le protagoniste des Pringles ?

8. Que pense la famille du protagoniste des Pringles ?

9. Quelle est l'opinion du protagoniste sur les Pringles maintenant ?

10. Les Pringles ont-ils un impact positif ou négatif sur la vie du protagoniste ?

Pludmalē

Pēc saullēkta viļņi ir skaļāki, un smiltis virs plūdmaiņām ir baltas. Es eju uz pludmali, **apbrīnoju** jūru un sauli. Mani piseti jūt gliemežvāku rievas. Smiltis ir aukstas uz maniem pirkstiem. Es smaidu un eju tālāk. Plūdmaiņa ir liela, tāpēc man jābūt uzmanīgai, lai mani neaizvilktu iekšā. Es eju gar ūdens malu, apbrīnojot jūru. Saullēkts ir **skaists, un** viļņi šūpojas. Es jūtos tik mierīga. Nonāku vietā, kur ir klinšu atsegums. Es apsēžos un vēroju viļņus. Ūdens ir tik zils, un debesis tik **oranžas**. Es jūtos kā sapnī. Es aizveru acis un vienkārši klausos viļņos. Es ilgi tur sēdēju, līdz sadzirdēju, ka kāds sauc mani vārdā.

Atveru acis un redzu mammu, kas iet man pretī. Viņas sejā ir noraizējies skatiens. Es pasmaidu un pamāju ar roku, un viņa **atslābst**. "Man bija jautājums, kur tu aizgāji," viņa saka. "Es priecājos, ka tev patīk pludmale." Es atbildu: "Patīk." "Šeit ir tik skaisti." "Es zinu," viņa saka. "Kad es biju tavā vecumā, es šeit mēdzu nākt visu laiku." "Tiešām?" Es jautāju. "Jā," viņa atbild. "Tā ir īpaša vieta." "Vai tu kādreiz esi šeit satikusi kādu īpašu cilvēku?" Es jautāju. "Es satiku," viņa atbild ar smaidu. "Tavu tēvu." "Tiešām?" Es saku, **pārsteigts**. "Jā," viņa atbild. "Mēs šeit visu laiku nācām kopā. Šeit mēs iemīlējāmies. " Es smaidu, **iedomājoties, kā** mani

A la plage

Après le lever du soleil, les vagues sont plus fortes et le sable au-dessus de la marée est blanc. Je marche jusqu'à la plage, **admirant** la mer et le soleil. Mes orteils sentent les rainures des coquillages. Le sable est froid sur mes orteils. Je souris et je continue. La marée est haute, alors je dois faire attention à ne pas me laisser entraîner. Je marche le long du bord de l'eau, en admirant la mer. Le lever du soleil est **magnifique**, et les vagues s'écrasent. Je me sens si paisible. J'arrive à un endroit où il y a un affleurement rocheux. Je m'assieds et je regarde les vagues. L'eau est si bleue et le ciel est si **orange**. J'ai l'impression d'être dans un rêve. Je ferme les yeux et je me contente d'écouter les vagues. Je suis restée assise pendant un long moment, jusqu'à ce que j'entende quelqu'un m'appeler.

J'ouvre les yeux et je vois ma mère marcher vers moi. Elle a un air inquiet sur le visage. Je souris et je lui fais signe, et elle **se détend**. "Je me demandais où tu étais allée", dit-elle. "Je suis contente que tu profites de la plage." Je réponds : "J'en profite." "C'est tellement beau ici." "Je sais", dit-elle. "Je venais ici tout le temps quand j'avais ton âge." "Vraiment ?" Je demande. "Ouais", répond-elle. "C'est un endroit spécial." "As-tu déjà rencontré quelqu'un de spécial ici ?" Je demande. "Oui",

vecāki iemīlas šajā skaistajā pludmalē. "Tā ir īpaša vieta," viņa atkārto. "Es priecājos, ka tu šodien šeit ieradies."

Mēs vēl kādu brīdi sēžam, **vērojot** viļņus un saulrietu. Tad pieceļamies un dodamies atpakaļ pie saviem pludmales dvieļiem. Es guļu un skatos uz zvaigznēm. Es jūtos tik laimīga un apmierināta. Viļņi tagad ir skaļāki, un smiltis ir aukstas. Saule riet, un pūš vēss vējš. Viļņi dauzās pret krastu, un gaisā jūtama sāls smarža. Tas ir ideāls vakars, lai būtu pludmalē. Es eju gar krastu, **klausos** viļņu šalkoņā un vēroju saulrietu. Es redzu cilvēku grupu, kas sēž uz smiltīm, smejas un joko. Izskatās, ka viņi lieliski pavada laiku. Es eju pie viņiem un jautāju, vai varu viņiem pievienoties. Viņi piekrīt, un mēs pavadām atlikušo vakara daļu, sarunājoties, smejoties un vērojot **saulrietu**. Tas ir lielisks vakars. Mēs ar grupu sarunājamies, līdz saule riet. Mēs dalāmies stāstos un jokos, un mums visiem ir lieliski pavadīts laiks. Kad nakts sāk krietni krietni samazināties, mēs visi sākam justies noguruši. Mēs noskūpstām viens otru uz **atvadāmies** un šķiramies. Es dodos atpakaļ uz savu viesnīcu, jūtoties laimīgs un apmierināts. Es nevaru noticēt, cik šeit ir brīnišķīgi. Man ir tik ļoti paveicies, ka esmu to **piedzīvojusi.**

répond-elle avec un sourire. "Ton père." "Vraiment ?"
Je dis, **surpris**. "Oui," dit-elle. "Nous avions l'habitude
de venir ici tout le temps ensemble. C'est là que nous
sommes tombés amoureux. " Je souris, **imaginant**
mes parents tombant amoureux sur cette magnifique
plage. " C'est un endroit spécial ", répète-t-elle. "Je suis
contente que tu sois venu ici aujourd'hui."

Nous restons assis là un moment de plus, à **regarder**
les vagues et le coucher de soleil. Puis nous nous
levons et retournons à nos serviettes de plage.
Je m'allonge et regarde les étoiles. Je me sens si
heureuse et satisfaite. Les vagues sont plus fortes
maintenant, et le sable est froid. Le soleil se couche et
une brise fraîche souffle. Les vagues s'écrasent sur le
rivage et l'odeur du sel flotte dans l'air. C'est une soirée
parfaite pour être à la plage. Je me promène le long du
rivage, en **écoutant le** bruit des vagues et en regardant
le coucher du soleil. Je vois un groupe de personnes
assises sur le sable, qui rient et plaisantent. Ils ont
l'air de passer un bon moment. Je m'approche d'eux
et leur demande si je peux les rejoindre. Ils acceptent
et nous passons le reste de la soirée à parler, à rire
et à regarder le **coucher de soleil**. C'est une soirée
parfaite. Le groupe et moi parlons jusqu'au coucher du
soleil. Nous partageons des histoires et des blagues,
et nous passons tous un bon moment. À la tombée de
la nuit, nous commençons tous à nous sentir fatigués.
Nous nous embrassons et nous nous séparons.

Izpratnes jautājumi

1. Kur stāstītāja dodas pēc pamošanās?

2. Ko stāstītāja apbrīno, ejot gar pludmali?

3. No kā stāstītājai ir jāuzmanās, ejot gar pludmali?

4. Kur stāstītājs apsēžas, lai baudītu skatu?

5. Cik ilgi stāstītājs tur sēž?

6. Ko stāstītāja redz, kad viņa atkal atver acis?

7. Ko saka stāstītāja māte?

8. Par ko stāstniece un cilvēki, kurus viņa satiek, runā?

Questions de compréhension

1. Où va la narratrice après son réveil ?

2. Qu'est-ce que la narratrice admire en marchant le long de la plage ?

3. De quoi la narratrice doit-elle se méfier lorsqu'elle marche le long de la plage ?

4. Où le narrateur s'assoit-il pour profiter de la vue ?

5. Combien de temps le narrateur reste-t-il assis là ?

6. Qui la narratrice voit-elle lorsqu'elle ouvre à nouveau les yeux ?

7. Que dit la mère du narrateur ?

8. De quoi parlent la narratrice et les personnes qu'elle rencontre ?

Kempings pie ezera

Es eju ezera virzienā, **apbrīnojot** šīs ainavas mieru. Saule apspīd mazo ezeru, padarot ūdeni līdzīgu stikla virsmai. Vienīgā kustība ir retu reizi viļņošanās, ko rada kāda zivs, **izskalojot** ūdens virsmu. Pat putni, šķiet, atpūšas no karstuma, un gaisu piepilda tikai cikādes. **Pēkšņi** mieru pārtrauc skaļš šļakats. Liela **zivs** ir izlēkusi no ūdens, cenšoties noķert pūķi. Zivs netrāpa mērķim un ar šļakatām krīt atpakaļ ūdenī. "Vau," domāju sev, "tā bija liela zivs!". Es paskatījos apkārt, vai kāds cits to nav redzējis, bet tuvumā neviena nebija. Domāju, ka man būs viņiem par to jāstāsta, kad atgriezīšos nometnē.

Karstums ir **nomācošs, tāpēc ir** grūti elpot. Gaiss ir biezs un smags, kā ap tevi apvilkta sega. Vienīgais atvieglojums ir ūdens. Tas ir vēss un atsvaidzinošs, kā auksts dzēriens karstā dienā. Es dziļi ieelpoju un ienirstu ūdenī. Atvieglojums ir tūlītējs, jo vēsais ūdens mani ieskauj. Peldos līdz pašam dibenam un tad atkal izkāpju virspusē, sajūtot, kā ūdens atvēsina manu ķermeni. Es turpinu **peldēt** apļus, izbaudot atpūtu no karstuma. Pēc brīža izkāpju no ūdens un apgūnos uz zāles, ļaujot saulei izžāvēt ķermeni. Aizveru acis un aizmigstu, un **cikāžu** skaņas mani iemidzina dziļā miegā. Es ļauju saulei izskalot ūdeni no manas ādas.

Camping au lac

Je me dirige vers le lac, **admirant** la tranquillité de la scène. Le soleil tape sur le petit lac, faisant ressembler l'eau à une feuille de verre. Le seul mouvement est l'ondulation occasionnelle d'un poisson **brisant la** surface. Même les oiseaux semblent prendre une pause de la chaleur, avec seulement le son des cigales remplissant l'air. **Soudain**, la paix est rompue par un grand plouf. Un gros **poisson** a sauté hors de l'eau, essayant d'attraper une libellule. Le poisson rate sa cible et retombe dans l'eau avec un plouf. "Wow," je me dis, "c'était un gros poisson !". J'ai regardé autour de moi pour voir si quelqu'un d'autre l'avait vu, mais il n'y avait personne. Je suppose que je devrai leur dire quand je rentrerai au camp.

La chaleur est **oppressante**, il est difficile de respirer. L'air est épais et lourd, comme une couverture qui vous enveloppe. Le seul soulagement est dans l'eau. Elle est fraîche et rafraîchissante, comme une boisson fraîche par une journée chaude. Je prends une profonde inspiration et je plonge dans l'eau. Le soulagement est immédiat car l'eau fraîche m'entoure. Je nage jusqu'au fond, puis remonte à la surface, sentant l'eau refroidir mon corps. Je continue à **faire** des longueurs, appréciant le répit de la chaleur. Après un moment,

Es jūtu, kā mana āda kļūst sarkana, bet man tas ir vienalga. Man ir pārāk karsti, lai mani tas uztrauktu. Nākamais, ko es zinu, ir saulriets. Debesis ir skaisti oranžas, ar rozā un violetām svītrām. Karstuma vairs nav, to nomaina vēss **vējš**.

Es pieceļos un atkal uzvelku drēbes, jūtoties atsvaidzināta un atjaunota. Es dziļi **ieelpoju** vēso gaisu un pasmaidu. Ir patīkami būt dzīvai. Es eju atpakaļ uz kempingu, apbrīnojot, kā debesīs dejo krāsas. Tālumā redzu degošu ugunskuru, un gaisā jūtama dūmu smarža. Es smaidu un **paātrinu** soli. Esmu gatava atpūsties un izbaudīt atlikušo vakaru. Es ieeju kempingā un redzu, ka visi ir sapulcējušies ap ugunskuru. Viņi **smejas** un joko, un es redzu, kā uguns atspīd viņu acīs. Es smaidu un apsēžos blakus saviem draugiem. Ir patīkami atgriezties. Nākamajā rītā pamostos agri un sāku vākt savas mantas. Es nepacietīgi gaidu, kad varēsim atgriezties uz takas un turpināt savu ceļojumu. Es atvados no draugiem un sāku doties prom. Ejot es pēdējo reizi apskatīju **nometnes vietu**. Tālumā redzu, ka uguns joprojām deg, un gaisā jūtama dūmu smaka. Es smaidu un paātrinu soli. Esmu gatava turpināt savu **ceļojumu**.

je sors de l'eau et je m'allonge sur l'herbe, laissant le soleil sécher mon corps. Je ferme les yeux et m'endors, le son des **cigales** me berce dans un profond sommeil. Je laisse le soleil faire sortir l'eau de ma peau. Je sens que ma peau devient rouge, mais je m'en moque. J'ai trop chaud pour m'en soucier. La prochaine chose que je sais, c'est que le soleil se couche. Le ciel est d'un bel orange, avec des traces de rose et de violet. La chaleur a disparu, remplacée par une **brise** fraîche.

Je me lève et me rhabille, me sentant rafraîchie et rajeunie. Je **respire** profondément l'air frais et je souris. C'est bon d'être en vie. Je retourne au camping, en admirant la façon dont les couleurs dansent dans le ciel. Je peux voir le feu de camp qui brûle au loin et je peux sentir la fumée dans l'air. Je souris et j'**accélère le** pas. Je suis prête à me détendre et à profiter du reste de ma soirée. J'entre dans le camping et je vois que tout le monde est rassemblé autour du feu. Ils **rient** et plaisantent, et je peux voir le feu se refléter dans leurs yeux. Je souris et m'assieds à côté de mes amis. C'est bon d'être de retour. Le lendemain matin, je me réveille tôt et je commence à préparer mes affaires. J'ai hâte de retourner sur le sentier et de poursuivre mon voyage. Je dis au revoir à mes amis et commence à m'éloigner. En marchant, je jette un dernier regard sur le **camping**. Je peux voir le feu qui brûle toujours au loin et je peux sentir la fumée dans l'air. Je souris et j'accélère le pas. Je suis prêt à poursuivre mon **voyage**.

Izpratnes jautājumi

1. Kur staigātājs dodas?

2. Kādi ir laikapstākļi?

3. Kā izskatās ūdens?

4. Kā staigātājs reaģē uz karstumu?

5. Ko dara zivs?

6. Kāpēc staigātājs ir viens?

7. Kā jūtas ūdens?

8. Kā staigātājs jūtas pēc peldes?

9. Kādā diennakts laikā staigātājs pamostas?

10. Kur dodas pastaigu gājējs, kad viņš atstāj nometni?

Questions de compréhension

1. Où va le marcheur ?

2. Quel temps fait-il ?

3. À quoi ressemble l'eau ?

4. Comment le marcheur réagit-il à la chaleur ?

5. Que fait le poisson ?

6. Pourquoi le marcheur est-il seul ?

7. Quelle est la sensation de l'eau ?

8. Comment le marcheur se sent-il après avoir nagé ?

9. A quelle heure de la journée le déambulateur se réveille-t-il ?

10. Où va le marcheur quand il quitte le camp ?

Māja

Pagājušajā nedēļā es pārcēlos uz savu jauno māju, un es esmu tik **sajūsmināta**! Tā ir daudz lielāka par manu veco māju, un tai ir liels pagalms. Es nevaru vien sagaidīt, kad pie manis varēs ierasties draugi uz grilēšanu un ballītēm. Mana **mīļākā** daļa ir mana jaunā guļamistaba. Tā ir tik liela un gaiša, un man ir daudz vietas, kur novietot visas savas mantas. Es esmu ļoti apmierināta ar savu jauno māju, un domāju, ka būšu šeit ļoti laimīga. Es nolēmu mazliet vairāk izpētīt māju. Es uzkāpu otrajā stāvā un sāku iet uz virtuvi, kad ieraudzīju uz sienas lielu melnu zirnekli! Es kliedzu un skrēju lejā. Man bija tik **bail**! Bet pēc dažām minūtēm es nomierinājos un nolēmu atgriezties augšā. Es lēnām nokļuvu virtuvē un ieraudzīju, ka zirnekļa vairs nav. Man bija tik liels atvieglojums! Es atgriezos lejā un nolēmu doties ārā, lai izpētītu **pagalmu**. Tas bija tik liels! Es nespēju noticēt. Stūrī ieraudzīju šūpoles un slidkalniņu. Es redzēju arī basketbola tīklu un **batutu**. Es biju sajūsmā!

Es nevaru sagaidīt, kad varēsiet izmantot visus šos jaunos līdzekļus. **Kaimiņi** atnāca un iepazīstināja ar sevi. Viņi šķita ļoti jauki, un mēs kādu laiku runājāmies. Viņi uzaicināja mani uz BBQ nākamajā nedēļas nogalē, un es teicu, ka labprāt ieradīšos. Pirmā nedēļa jaunajā mājā man bija lieliska, un es esmu sajūsmā par visiem

La Maison

J'ai emménagé dans ma nouvelle maison la semaine dernière, et je suis si **excitée** ! Elle est tellement plus grande que l'ancienne, et elle a un grand jardin. J'ai hâte d'inviter des amis pour des barbecues et des fêtes. Ce que je **préfère,** c'est ma nouvelle chambre. Elle est si grande et lumineuse, et j'ai beaucoup d'espace pour mettre toutes mes affaires. Je suis très contente de ma nouvelle maison et je pense que je serai très heureuse ici. J'ai décidé d'explorer un peu plus la maison. Je suis monté au deuxième étage et j'ai commencé à me diriger vers la cuisine quand j'ai vu une grosse araignée noire sur le mur ! J'ai crié et j'ai couru en bas. J'avais tellement **peur** ! Mais après quelques minutes, je me suis calmée et j'ai décidé de retourner à l'étage. J'ai lentement fait mon chemin vers la cuisine et j'ai vu que l'araignée était partie. J'étais tellement soulagée ! Je suis redescendu et j'ai décidé de sortir pour explorer le **jardin**. Elle était si grosse ! Je n'arrivais pas à y croire. J'ai vu une balançoire dans le coin et un toboggan. J'ai aussi vu un filet de basket et un **trampoline**. J'étais tellement excitée!

J'ai hâte d'utiliser tous ces nouveaux trucs. Les **voisins** sont venus et se sont présentés. Ils avaient l'air très gentils, et nous avons parlé un moment. Ils m'ont invité à leur barbecue le week-end prochain, et j'ai dit que j'aimerais beaucoup venir. J'ai passé une excellente

jaunajiem piedzīvojumiem, kas man priekšā. Šodien es atkal iešu izpētīt pagalmu un paskatīties, ko vēl varu atrast. Kas zina, varbūt es pat atradīšu kādu **dārgumu**. Es nevaru vien sagaidīt, ko nesīs nākamā nedēļa! Nākamajā nedēļā es atkal devos izpētīt pagalmu un atradu **slepeno** dārzu. Tas bija tik skaists! Visur bija puķes un mazs dīķis ar zivīm. Es ieraudzīju arī šūpoles, ko iepriekš nebiju redzējusi. Es biju tik sajūsmināta, ka atradu šo slepeno dārzu, un es nevaru sagaidīt, kad to izpētīšu vēl. Tas bija tik **skaists**!

Visur bija puķes un neliels dīķis ar zivīm. Es redzēju arī **šūpoles,** ko iepriekš nebiju redzējis. Es biju tik sajūsmināta, ka atradu šo slepeno dārzu, un nevaru vien sagaidīt, kad to izpētīšu vēl vairāk. Man ļoti patika arī mana jaunā istaba. Tā bija tik liela un gaiša, un uz sienām jau bija izvietoti manu mīļāko grupu plakāti. Man pat nebija jāņem līdzi savas **mēbeles,** jo šeit jau bija gulta, kumode un rakstāmgalds. Šis būs labākais gads! Biju nedaudz uztraucies, sākot mācības jaunā **skolā,** bet visi mani jaunie kaimiņi ir tik draudzīgi. Es pat iepazinos ar meiteni, kas dzīvo kaimiņos, un viņa teica, ka pirmajā dienā iet uz skolu kopā ar mani.

première semaine dans ma nouvelle maison et j'ai hâte de vivre toutes les nouvelles aventures qui m'attendent. Aujourd'hui, je vais encore aller explorer le jardin et voir ce que je peux trouver d'autre. Qui sait, peut-être vais-je même trouver un **trésor**. J'ai hâte de voir ce que la semaine prochaine nous réserve ! La semaine suivante, je suis retourné explorer le jardin et j'ai trouvé un jardin **secret**. C'était tellement beau ! Il y avait des fleurs partout et un petit étang avec des poissons dedans. J'ai aussi vu une balançoire que je n'avais jamais vue auparavant. J'étais si excitée de trouver ce jardin secret, et j'ai hâte de l'explorer davantage. C'était tellement **beau** !

Il y avait des fleurs partout et un petit étang avec des poissons dedans. J'ai aussi vu une **balançoire** que je n'avais jamais vue auparavant. J'étais si excitée de trouver ce jardin secret, et j'ai hâte de l'explorer davantage. J'ai aussi adoré ma nouvelle chambre. Elle était si grande et lumineuse, et il y avait déjà des posters de mes groupes préférés sur les murs. Je n'ai même pas eu besoin d'apporter mes propres **meubles** car il y avait déjà un lit, une commode et un bureau. Ça va être la meilleure année de ma vie ! J'étais un peu nerveux à l'idée de commencer dans une nouvelle **école**, mais tous mes nouveaux voisins ont été si gentils. J'ai même rencontré une fille qui habite à côté et elle m'a dit qu'elle m'accompagnerait à l'école le premier jour.

Izpratnes jautājumi

1. Kur persona dzīvo?

2. Kā cilvēkam patīk jaunajā mājoklī?

3. Kāda ir personas mīļākā jaunā mājokļa daļa?

4. Ko cilvēks atrada dārzā?

5. Kas ir kaimiņi?

6. Kā cilvēks jutās pirmajās dienās jaunajā mājoklī?

7. Kāda ir personas mīļākā jaunās istabas daļa?

8. Ko šī persona plāno darīt rīt?

9. Kāda bija labākā daļa no pirmās nedēļas jaunajā mājoklī?

10. Kas viss ir personas jaunajā istabā?

Questions de compréhension

1. Où vit la personne ?

2. Comment la personne se sent-elle dans sa nouvelle maison ?

3. Quelle est la partie de la nouvelle maison que la personne préfère ?

4. Qu'est-ce que la personne a trouvé dans le jardin ?

5. Qui sont les voisins ?

6. Comment se sont passés les premiers jours de la personne dans sa nouvelle maison ?

7. Quelle est la partie de la nouvelle pièce que la personne préfère ?

8. Qu'est-ce que la personne prévoit de faire demain ?

9. Quelle a été la meilleure partie de la première semaine de la personne dans sa nouvelle maison ?

10. Qu'y a-t-il dans la nouvelle chambre de la personne ?

Vilcienā

Es aizskrēju uz dzelzceļa staciju, bet biju par vēlu. Vilciens jau bija aizbraucis bez manis. Es jutos tik **dusmīga** un **vīlusies** sevī. Biju plānojusi ar vilcienu doties pie vecvecākiem, kuri dzīvo laukos, bet tagad man nāksies veselu stundu gaidīt nākamo vilcienu. Tā vietā es nolēmu kādu laiku pastaigāties pa pilsētu un mēģināju aizmirst par neizmantoto iespēju. Ejot es sāku **sapņot par** visām tām vietām, kur **vilcieni** var aizvest. Pēkšņi es vairs nebiju tik satraukta. Es devos atpakaļ uz staciju un nevarēju nepamanīt lielo sarkanbaltsarkano, baltsarkano un zilo lokomotīvi, kas traucās man pa priekšu. Tikai tad, kad ieraugu **konduktoru, kas** man pamāja no loga, saprotu, ka šis vilciens ir domāts man. Es iekāpju vilcienā un atrodu savu vietu, iekārtojos, lai sagaidītu garu braucienu.

Kad izbraucam no stacijas, es nevaru nedomāt, kur šis vilciens mani aizvedīs. Cauri zaļiem **laukiem** un pāri zilajām upēm, garām kalniem un ielejām - nav zināms, kur šis vecais vilciens aizvedīs. Kad nakts sāk krāties, es ieslīgstu **mierīgā** miegā, nomierināts ar vagonu **ritmisko** kustību uz sliedēm zem sliedēm. Kad atkal pienāk rīts, atveru acis un redzu, ka esam ieradušies mazā pilsētiņā kaut kur nekurienes vidū. Saule tikko uzspīd pāri horizontam, kad vietējie iedzīvotāji sāk

Dans le train

J'ai couru jusqu'à la gare, mais c'était trop tard. Le train était déjà parti sans moi. Je me suis sentie tellement **en colère** et **déçue** de moi-même. J'avais prévu de prendre le train pour rendre visite à mes grands-parents qui vivent à la campagne, mais maintenant je devais attendre le prochain train pendant une heure entière. J'ai décidé de me promener un peu dans la ville à la place et j'ai essayé d'oublier cette occasion manquée. En marchant, j'ai commencé à **rêver à** tous les endroits où le **train** peut vous emmener. Soudain, je n'étais plus aussi contrariée. Je suis retourné dans la gare et je n'ai pu m'empêcher de remarquer la grande locomotive rouge, blanche et bleue qui se dirigeait vers moi. Ce n'est que lorsque je vois le **conducteur** me faire signe par la fenêtre que je réalise que ce train est pour moi. Je monte dans le train et trouve mon siège, m'installant pour ce qui promet d'être un long voyage.

Alors que nous sortons de la gare, je ne peux m'empêcher de me demander où ce train va m'emmener. À travers des **champs** verts et des rivières bleues, en passant par des montagnes et des vallées, on ne sait pas où ce vieux train va aller. À la tombée de la nuit, je m'endors **paisiblement**, bercé par le mouvement **rythmique** des wagons sur les rails en contrebas. Quand le matin revient, j'ouvre les yeux

rosīties pa galveno ielu; šeit izskatās kā jebkurā citā dienā, izņemot vienu - pie pilsētas domes ir izvietota liela izkārtne ar uzrakstu "Laipni lūgti uz klāja!". Šķiet, ka šī mazpilsēta mūs ir gaidījusi, lai gan mēs esam tikai parasts **pasažieru** vilciens, kas brauc cauri pa ceļam citur. Kad mēs atkal atstājam pilsētu aiz muguras un dodamies nezin kur tālāk, es smaidu par visām draudzīgajām sejām, kas atvadās no mazajām mājām, kas iespraukušās starp **lauksaimniecības zemēm, -** patiešām ir apbrīnojami, kā kaut kas tik šķietami parasts var sagādāt tik daudz prieka, vienkārši braucot garām. Un tad, protams, ir **bērni**.

Izliecos pa lokomotīves logu. Viņi mani vienmēr dara tik laimīgu ar savām mirdzošajām acīm un lielajiem smaidiem. Es enerģiski pamāju viņiem atpakaļ, pirms atgriežos savā **kabīnē** un apsēžos. Šī jau ir bijusi gara diena, bet tā vēl nav beigusies; vēl ir atlikušas dažas stundas, līdz mēs sasniegsim **galamērķi**. Izvelku grāmatu un sāku lasīt, ļaujot vilciena ritmiskajai šūpošanai mani iemidzināt mierīgā stāvoklī.

pour constater que nous sommes arrivés dans une petite ville quelque part au milieu de nulle part. Le soleil pointe à peine à l'horizon et les habitants commencent à s'agiter dans la rue principale ; c'est un jour comme les autres ici, à l'exception d'une chose : il y a un grand panneau près de l'hôtel de ville qui dit "Bienvenue à bord". Il semble que cette petite ville nous attendait, même si nous ne sommes qu'un train de **voyageurs** ordinaire qui passe par là pour aller ailleurs. Alors que nous laissons la ville derrière nous une fois de plus, en direction d'on ne sait où, je souris à tous les visages amicaux qui nous saluent depuis ces petites maisons nichées au milieu des **terres agricoles - c'**est vraiment étonnant de voir comment quelque chose d'apparemment si ordinaire peut apporter tant de joie simplement en passant par là. Et puis, bien sûr, il y a les **enfants**.

Je me penche par la fenêtre de ma locomotive. Ils me rendent toujours si heureux avec leurs yeux brillants et leurs grands sourires. Je leur fais un signe de la main énergique avant de retourner dans ma **cabine** et de m'asseoir. La journée a déjà été longue, mais elle n'est pas encore terminée ; il reste encore quelques heures avant d'atteindre notre **destination** finale. Je sors mon livre et commence à lire, laissant le balancement rythmique du train me bercer dans un état paisible.

Izpratnes jautājumi

1. Kur brauc vilciens?

2. Kas brauc vilcienā?

3. Kad atiet vilciens?

4. Kā galvenais varonis nokļūst vilcienā?

5. No kurienes brauc vilciens?

6. Kur vilciens brauc tālāk?

7. Kad ieradās pasažieri?

8. Kā jūtas galvenais varonis, kad viņš nokavē vilcienu?

9. Kā reaģē vilciena mašīnists, ieraugot galveno varoni?

10. Kāpēc galvenajam varonim patīk vilcieni?

Questions de compréhension

1. Où va le train ?

2. Qui voyage dans le train ?

3. Quand le train part-il ?

4. Comment le protagoniste monte-t-il dans le train ?

5. D'où vient le train ?

6. Où le train va-t-il ensuite ?

7. Quand les passagers sont-ils arrivés ?

8. Que ressent le protagoniste lorsqu'il rate le train ?

9. Comment le conducteur du train réagit-il lorsqu'il voit le protagoniste ?

10. Pourquoi le protagoniste aime-t-il les trains ?

Vakariņu gatavošana

Ir 17.00, un es eju mājās no darba. Es **gaidu** mierīgu vakaru mājās kopā ar savu partneri. Mēs kopā gatavosim vakariņas un pēc tam atlikušo vakara daļu vienkārši atpūtīsimies. Labi ir apzināties, ka **šovakar** man nav nekādu plānu vai pienākumu. Es ierodos mājās, un mans partneris jau ir virtuvē un sāk gatavot vakariņas. Šeit smaržo **brīnišķīgi!** Gatavojot mēs sarunājamies, pārrunājam viens otra dienas un dalāmies mazos stāstiņos no darba dzīves. Virtuve ir mana mīļākā telpa mūsu dzīvoklī. Man patīk gatavot, un īpaši patīk gatavot kopā ar partneri. Mēs vienmēr šeit labi pavadām laiku, smejamies un jokojam, kamēr gatavojam ēst. Turklāt, kad strādājam **kopā,** ēdiens vienmēr ir **lielisks**.

Šovakar mēs gatavojam vienu no manām visu laiku mīļākajām receptēm: **vistas** parmezānu. Mans partneris sāk ar vistas cepšanu, kamēr es uz **plīts** vārīšu mērci. Mēs strādājam kopā kā labi ieeļļota mašīna, un drīz vien vakariņas ir gatavas pasniegšanai. Mēs apsēžamies pie mūsu mazā virtuves galdiņa ar **šķīvjiem, kas** pilni ar parmezāna vistu, makaroniem un salātiem. Mēs noskandinām glāzes un pirmo reizi iekost, un tas ir **debešķīgi!** Vistas gaļa ir kraukšķīga no ārpuses, bet sulīga iekšpusē; mērce ir aromātiska un

Cuisiner le dîner

Il est 17 heures et je rentre à pied du travail. J'ai **hâte** de passer une soirée tranquille à la maison avec mon partenaire. Nous allons préparer le dîner ensemble et nous détendre pour le reste de la nuit. C'est agréable de savoir que je n'ai aucun projet ni aucune obligation ce **soir**. J'arrive à la maison et mon partenaire est déjà dans la cuisine, en train de préparer notre dîner. Ça sent **très bon** ici ! Nous bavardons tout en cuisinant, prenant des nouvelles de nos journées respectives et partageant des petites histoires de nos vies professionnelles. La cuisine est ma pièce préférée dans notre appartement. J'adore cuisiner, et j'aime particulièrement cuisiner avec mon partenaire. Nous passons toujours un bon moment ici, à rire et à plaisanter pendant que nous cuisinons. De plus, la nourriture est toujours **incroyable** lorsque nous travaillons **ensemble**.

Ce soir, nous faisons l'une de mes recettes préférées : le **poulet au** parmesan. Mon partenaire commence par paner le poulet pendant que je fais mijoter la sauce sur la **cuisinière**. Nous travaillons ensemble comme une machine bien huilée, et en peu de temps, le dîner est prêt à être servi. Nous nous asseyons à notre petite table de cuisine avec des **assiettes** remplies de poulet

perfekta; makaroni ir pagatavoti al dente... viss šovakar garšo pilnīgi perfekti. Mēs abi zinām, ka šis bija viens no tiem vakariem, kad viss vienkārši lieliski sanāca kopā, jo mēs **izbaudām** katru gardās maltītes kumosu. Tas garšoja vēl labāk, nekā smaržoja - kas bija diezgan labi! Mēs samērā ātri pabeidzam maltīti, jo neviens no mums šodien nav īpaši izsalcis, bet mēs nesteidzīgi baudām vēl dažas vīna gl**āzes,** viegli tērzējot par šo un to tēmu. Pēc vakariņām mēs kopā ātri sakopjam un tad pārceļamies uz viesistabu, kur kādu laiku pavadām, **apguļoties** uz dīvāna un skatoties televizoru.

Tā ir tik jauka sajūta, ka pēc garas **darba** dienas esam viens otra tuvumā. Es jūtos apmierināta. Lai gan vakars nebija bagāts ar notikumiem, bija patīkami vienkārši pavadīt laiku kopā, neizejot no mājas. Mēs noskatījāmies filmu un agri devāmies gulēt, jūtoties **apmierināti** ar mūsu vienkāršo vakaru. Šī ir kļuvusi par vienu no mūsu **iecienītākajām** nodarbēm vakaros, kad nevēlamies doties ārā - vienkārši atpūsties mājās un baudīt viens otra sabiedrību pie mājās gatavotas maltītes.

au parmesan, de pâtes et de salade. Nous faisons tinter les verres et prenons notre première bouchée - et c'est **divin** ! Le poulet est croustillant à l'extérieur mais juteux à l'intérieur ; la sauce est savoureuse et parfaite ; les pâtes sont cuites al dente... tout a un goût absolument parfait ce soir. Nous savons tous les deux que c'était l'une de ces nuits où tout s'est parfaitement réuni alors que nous **savourons** chaque bouchée de notre délicieux repas. Le goût était encore meilleur que l'odeur, qui était sacrément bonne ! Nous terminons notre repas assez rapidement car aucun de nous n'a particulièrement faim aujourd'hui, mais nous prenons notre temps en dégustant quelques **verres** de vin supplémentaires tout en discutant légèrement de tel ou tel sujet. Après le dîner, nous nettoyons rapidement ensemble et passons au salon, où nous passons un moment à **nous câliner** sur le canapé en regardant la télévision.

C'est tellement agréable d'être près l'un de l'autre après une longue journée de **travail** séparé. Je me sens satisfaite. Même si la soirée n'a pas été très animée, c'était agréable de passer du temps ensemble sans avoir à quitter la maison. Nous avons regardé un film et nous nous sommes couchés tôt, **satisfaits** de notre simple soirée. C'est devenu l'une de nos activités **préférées** les soirs où nous n'avons pas envie de sortir - se détendre à la maison et profiter de la compagnie de l'autre autour d'un repas fait maison.

Izpratnes jautājumi

1. No kurienes nāk stāstnieks?

2. Ko stāstītājs dara pēc darba?

3. Ko stāstītājs ēd vakariņās?

4. Kāpēc stāstniekam patīk virtuve?

5. Kādu ēdienu pāris gatavo?

6. Kā stāstītājs jūtas vakara beigās?

7. Kāda ir pāra iecienītākā nodarbe?

8. Ko pāris dara, kad ir noguris?

9. Kur viņi guļ?

10. Kāpēc stāstniekam patīk palikt mājās?

Questions de compréhension

1. D'où vient le narrateur ?

2. Que fait le narrateur après le travail ?

3. Que mange le narrateur pour le dîner ?

4. Pourquoi le narrateur aime-t-il la cuisine ?

5. Quel genre de plat le couple cuisine-t-il ?

6. Que ressent le narrateur à la fin de la soirée ?

7. Quelle est l'activité préférée du couple ?

8. Que fait le couple quand il est fatigué ?

9. Où dorment-ils ?

10. Pourquoi le narrateur aime-t-il rester à la maison ?

Pastaiga mājās

Tas bija **mierīgs** vakars, kad es gāju mājās no darba. Ejot es nevarēju nesmaidīt, bet smaidīju atmiņās. Bija patīkami atgriezties savā vecajā rajonā. Es pamāju dažiem pazīstamiem cilvēkiem, un viņi man pamāja pretī. Bija labi būt mājās. Es gāju garām savai vecajai skolai un **atcerējos** visus labos brīžus, kas man bija kopā ar draugiem. Mēs vienmēr kopā gājām mājās un runājām par savu dienu. **Reizēm** mēs apstājāmies, lai nopirktu saldējumu vai aizietu uz parku. Tie bija labākie laiki. Man pietrūkst šo laiku. Bet tagad man ir sava ģimene, un es esmu apmierināta ar savu dzīvi. Es priecājos, ka varu atskatīties uz šīm atmiņām un smaidīt. Tās ir daļa no manas dzīves, ko es vienmēr loloju. Tie bija vislabākie laiki. Man pietrūkst šo laiku. Bet tagad man ir sava ģimene, un es esmu apmierināts ar savu dzīvi. Es priecājos, ka varu atskatīties uz šīm **atmiņām** un smaidīt. Tās ir daļa no manas dzīves, ko es vienmēr loloju.

Es turpinu iet, domājot par labajiem brīžiem, kas man bija kopā ar draugiem. Es zinu, ka drīz atkal viņus ieraudzīšu. Es dodos mājup un nolemju pastaigāties pa netālu esošo parku. Saule jau riet, un debesis iekrāsojas **skaistā** oranžā krāsā. Parks ir tukšs, izņemot dažus putnus, kas čivina kokos. Es dziļi **ieelpoju** un

Walking Home

C'était une nuit **paisible** alors que je rentrais du travail. En marchant, je ne pouvais m'empêcher de sourire aux souvenirs. C'était bon d'être de retour dans mon ancien quartier. J'ai salué quelques personnes que je connaissais, et elles m'ont salué en retour. C'était bon d'être chez soi. Je suis passé devant mon ancienne école et je **me suis souvenu de** tous les bons moments que j'ai passés avec mes amis. On rentrait toujours ensemble à la maison et on parlait de notre journée. **Parfois,** on s'arrêtait pour acheter une glace ou aller au parc. C'était les meilleurs moments. Ces moments me manquent. Mais maintenant, j'ai ma propre famille et je suis heureuse de ma vie. Je suis heureux de pouvoir repenser à ces souvenirs et de sourire. Ils font partie de ma vie et je les chérirai toujours. C'était les meilleurs moments. Ils me manquent. Mais maintenant, j'ai ma propre famille et je suis heureux de ma vie. Je suis heureux de pouvoir repenser à ces **souvenirs** et de sourire. Ils font partie de ma vie et je les chérirai toujours.

Je continue à marcher, en pensant aux bons moments que j'ai passés avec mes amis. Je sais que je les reverrai bientôt. Je me dirige vers ma maison et décide de me promener dans un parc à proximité. Le soleil se

pasmaidu. Ejot cauri parkam, es redzu, kā debesīs izšaujas krītoša zvaigzne. Es izsaku šai zvaigznei vēlēšanos un turpinu iet. Es domāju par savu dienu darbā un par to, cik **mierīga** tā bija. Es smaidu sev, domājot par to, cik man ir paveicies, ka man ir tik lielisks darbs. Es eju mājās, **sajūtot** vēso nakts gaisu uz ādas. Es jūtos tik dzīva un laimīga, vienkārši izbaudot vienkāršo pastaigu mierīgā naktī.

Es jutos tik labi, ka sāku **svilpt**. Es gāju garām dažiem cilvēkiem uz ielas, bet viņi visi pievērsās savām lietām.

Es pagriezos pagriezienā uz savu ielu un ieraudzīju kaimiņu kaķi Viskera kungu, kas sēdēja uz verandas. Es viņam sasveicinājos, un viņš miauņāja pretī. Es **atbloķēju** durvis un iegāju iekšā. Es biju tik laimīga, ka esmu mājās. Es novilku kurpes un gatavojos gulēt. Tajā vakarā es gulēju, jūtoties laimīga un pateicīga, mana sirds bija pilna mīlestības. Visu nakti gulēju mierīgi, par neko neuztraucoties. Es pamodos no mierīga miega, un mani **sagaidīja** saule, kas spīdēja pa logu. Es izkāpu no gultas un izstaipījos, dziļi ieelpojot un sajūtot, kā plaušas piepilda vēss gaiss.

couche et le ciel prend une **belle** couleur orange. Le parc est vide, à l'exception de quelques oiseaux qui gazouillent dans les arbres. Je prends une profonde **inspiration** et je souris. Alors que je marche dans le parc, je vois une étoile filante traverser le ciel. J'ai fait un vœu sur cette étoile et j'ai continué à marcher. Je pense à ma journée de travail et au **calme qui** y régnait. Je souris à moi-même, en pensant à la chance que j'ai d'avoir un si bon travail. Je rentre chez moi, en **sentant l'**air frais de la nuit sur ma peau. Je me sens si vivante et heureuse, profitant du simple fait de rentrer chez moi par une nuit paisible. Je me sentais si bien que j'ai commencé à **siffler**. Je suis passé devant quelques personnes dans la rue, mais elles s'occupaient toutes de leurs affaires.

J'ai tourné le coin de ma rue et j'ai vu le chat de mon voisin, M. Whiskers, assis sur mon porche. Je lui ai dit bonjour et il miaulait en retour. J'ai **déverrouillé** ma porte et je suis entrée. J'étais si heureuse d'être chez moi. J'ai enlevé mes chaussures et me suis préparée pour aller me coucher. Je me suis couchée ce soir-là, heureuse et reconnaissante, le cœur plein d'amour. J'ai dormi profondément toute la nuit, sans me soucier de rien. Je me suis réveillée d'un sommeil réparateur et j'ai été **accueillie** par le soleil qui brillait à travers ma fenêtre. Je suis sorti du lit et me suis étiré, prenant une profonde inspiration et sentant l'air frais remplir mes poumons.

Izpratnes jautājumi

1. Ko darīja galvenais varonis, kad stāsts sākās?

2. Par ko varonis domāja, ejot mājās?

3. Ko galvenais varonis mēdza darīt ar draugiem pēc skolas?

4. Kas varonim pietrūkst no tiem laikiem?

5. Ko galvenais varonis domā par savu pašreizējo dzīvi?

6. Ko dara galvenais varonis, ieraugot krītošu zvaigzni?

7. Kā jūtas galvenais varonis, ejot mājās?

8. Ko dara galvenais varonis, kad viņi atgriežas mājās?

9. Kā jūtas galvenais varonis, pamostoties nākamajā rītā?

10. Ko galvenais varonis dara nākamajā dienā?

Questions de compréhension

1. Que faisait le protagoniste au début de l'histoire ?

2. À quoi le protagoniste a-t-il pensé en rentrant chez lui
?

3. Qu'est-ce que le protagoniste avait l'habitude de faire
avec ses amis après l'école ?

4. Qu'est-ce que le protagoniste regrette de cette
époque ?

5. Que pense le protagoniste de sa vie actuelle ?

6. Que fait le protagoniste lorsqu'il voit une étoile filante
?

7. Que ressent le protagoniste lorsqu'il rentre à pied
chez lui ?

8. Que fait le protagoniste lorsqu'il rentre chez lui ?

9. Que ressent le protagoniste lorsqu'il se réveille le
lendemain matin ?

10. Que fait le protagoniste le lendemain ?

Pils

Ģimene vienmēr bija vēlējusies apmeklēt kādu vecu pili **Vācijā,** un beidzot viņi devās ceļojumā. Viņi nebija **vīlušies**. Pils bija skaista, un viņiem patika izpētīt tās daudzās telpas un gaiteņus. Pirmais, kas viņus pārsteidza, bija smarža. Viņi atklāja **pelējumu**, mitrumu un vēl kaut ko tādu, ko viņi nevarēja precīzi noteikt. Otra lieta bija skaņa. Akmens sienas ir biezas, taču tās pilnībā nenomāca skaņu. Viņi dzirdēja katru kājas soli, katru normālā balsī izrunātu vārdu un reizēm arī ūdens pilēšanu **kaut kur** tālumā. Kad acis pielāgojās vājajai gaismai, viņi ieraudzīja, ka visapkārt paceļas masīvas akmens sienas, no kurām **saplēstās** drēbēs karājas gobelēni. Viņi stāvēja milzīgā zālē ar augstiem griestiem, ko balstīja cirsti pīlāri. Viņiem patika arī skats no tornīšiem, un bērni lieliski pavadīja laiku, skrienot pa teritoriju. Kad viņi pabeidza pils apskati, **saule jau** bija sākusi rietēt, un viņi nožēloja, ka nebija paņēmuši līdzi **lukturīti**. Viņi nolēma doties atpakaļ pie ieejas, bet drīz vien apmaldījās. Viņiem šķita, ka viņi klīst apkārt stundām ilgi, līdz beidzot viņi nonāca pie durvīm, kas veda ārā. Viņi turpināja ceļu, līdz **nonāca** halles galā un nonāca pie iespaidīgām dubultdurvīm. Lai arī kā viņi centās, durvis neaizvērās. Tās **draudīgi grabēja,** bet nekustējās ne par collu. Izskatījās, ka tas, kas šeit bija pirms tam, droši vien bija izgājis cauri un aizslēdzis

Le château

La famille avait toujours voulu visiter un vieux château en **Allemagne**, et elle a finalement fait le voyage. Ils n'ont pas été **déçus**. Le château était magnifique, et ils ont pris plaisir à explorer ses nombreuses pièces et couloirs. La première chose qui les frappe est l'odeur. Ils ont trouvé de la **moisissure**, de l'humidité et quelque chose d'autre qu'ils n'ont pas réussi à identifier. La deuxième chose a été le son. Les murs de pierre sont épais, mais ils n'étouffent pas complètement le son. Ils ont entendu chaque pas, chaque mot prononcé d'une voix normale, et le goutte-à-goutte occasionnel de l'eau **quelque part** au loin. Lorsque leurs yeux se sont adaptés à la faible lumière, ils ont vu des murs de pierre massifs se dresser tout autour d'eux, des tapisseries en **lambeaux y étant** suspendues. Ils se tenaient dans un immense hall avec un haut plafond soutenu par des piliers sculptés. Ils ont également aimé les vues depuis les tourelles, et les enfants ont eu beaucoup de plaisir à courir dans le parc. Le **soleil** avait commencé à se coucher lorsqu'ils ont fini d'explorer le château, et ils ont regretté de ne pas avoir apporté de **lampe de poche**. Ils ont décidé de retourner à l'entrée, mais ils se sont vite perdus. Ils errent pendant des heures, jusqu'à ce qu'ils trouvent enfin une porte qui mène à l'extérieur. Ils ont continué jusqu'à ce qu'ils **atteignent le** bout du

tās no iekšpuses. Galu galā viņi atrada izeju. Viņus pārņēma atvieglojums, kad viņi izgāja vēsajā nakts gaisā.

Saule bija sākusi rietēt, un viņi **nožēloja, ka** nebija paņēmuši līdzi lukturīti. Viņi nolēma atgriezties pie ieejas, taču drīz vien apmaldījās. Viņiem šķita, ka viņi klīst apkārt stundām ilgi, līdz beidzot viņi nonāca pie durvīm, kas veda **ārā**. Viņus pārņēma atvieglojums, kad viņi izgāja vēsajā nakts gaisā. Nākamajā vakarā viņi pārliecinājās, ka, pētot pārējo pili, līdzi paņemts lukturītis. Viņi gāja cauri **pagalmam** un lejup līdz upei, kas tecēja aiz **pils** mūriem. Staigājot apkārt, viņi sāka dzirdēt dīvainus trokšņus. Izklausījās tā, it kā kāds viņiem sekotu. Viņi paātrināja soli, bet trokšņi kļuva arvien skaļāki un tuvāki. Ģimene skrēja atpakaļ uz pili, cik ātri vien spēja, un viņi ar atvieglojumu konstatēja, ka tēls **tumšajā apmetnī** viņiem nav sekojis.

couloir et arrivent à une imposante série de doubles portes. Ils ont beau essayer, les portes ne bougent pas. Elles cliquettent **sinistrement** mais ne bougent pas d'un pouce. On dirait que celui qui était ici avant a dû passer par là et les verrouiller de l'intérieur. Finalement, ils ont trouvé un moyen de sortir. Le soulagement les envahit alors qu'ils sortent dans l'air frais de la nuit.

Le soleil avait commencé à se coucher, et ils **regrettaient de ne pas avoir** apporté de lampe de poche. Ils ont décidé de retourner à l'entrée, mais ils se sont vite perdus. Ils ont erré pendant ce qui leur a semblé être des heures, jusqu'à ce qu'ils trouvent enfin une porte qui menait à **l'extérieur**. Le soulagement les a envahis alors qu'ils sortaient dans l'air frais de la nuit. Le lendemain soir, ils ont pris soin d'emporter une lampe de poche pour explorer le reste du château. Ils ont traversé la **cour** et sont descendus jusqu'à la rivière qui coulait derrière les murs du **château**. Alors qu'ils se promenaient, ils ont commencé à entendre des bruits étranges. On aurait dit que quelqu'un les suivait. Ils accélèrent le pas, mais les bruits deviennent plus forts et plus proches. Les membres de la famille courent vers le château aussi vite qu'ils le peuvent, et ils sont soulagés de voir que la silhouette au manteau **sombre** ne les a pas suivis.

Izpratnes jautājumi

1. Ko ģimene darīja, kad viņi pazuda pilī?

2. Kā jutās ģimene, kad uzzināja, ka tas bija tikai vietējais cilvēks?

3. Ko vīrietis izdarīja, par ko viņu arestēja?

4. Kāds sods tika piespriests šim vīrietim?

5. Kādu troksni ģimene dzirdēja pastaigas laikā?

6. Kur bija tēls tumšajā apmetnī, kad ģimene viņu ieraudzīja?

7. Ko ģimene darīja, kad atgriezās savā istabā?

8. Kad ģimene atkal devās izpētīt pili?

9. Kas bija tas, ko ģimene nevarēja noskaidrot?

10. Ko ģimene darīja, pirms atkal devās izpētīt pili?

Questions de compréhension

1. Qu'a fait la famille lorsqu'elle s'est perdue dans le château ?

2. Comment la famille s'est-elle sentie quand elle a découvert que c'était juste un homme du coin ?

3. Qu'a fait l'homme qui a été arrêté ?

4. Quelle a été la sentence pour cet homme ?

5. Quel bruit la famille a-t-elle entendu pendant qu'elle marchait ?

6. Où était le personnage au manteau sombre quand la famille l'a vu ?

7. Qu'a fait la famille en rentrant dans sa chambre ?

8. Quand la famille est-elle repartie explorer le château ?

9. Quelle était la chose sur laquelle la famille n'arrivait pas à mettre le doigt ?

10. Qu'a fait la famille avant de retourner explorer le château ?

Mans dārzs

Mans dārzs ir mana laimes vieta. Es katru dienu, neatkarīgi no tā, vai līst vai spīd, dodos uz to un pavadu laiku, kopjot savus augus. Man ir no **visa pa druskai - dārzeņi**, augļi, ziedi, garšaugi. Man ir pat dažas vistas, kas palīdz ierobežot kaitēkļus. Savas dienas dārzā es sāku ar vistu olu vākšanu. Tad pārbaudu, vai dārzeņi saņem pietiekami daudz ūdens un saules. Es ravēju nezāles un izravēju visus kukaiņus, kas varētu **uzbrukt** augiem. Kad **viss ir sakopts,** es apsēžos un izbaudu dabas mieru un klusumu.

Man vienmēr ir paticis pavadīt laiku dārzā. Ir kaut kas tāds, kā būt dabas ieskautai un izbaudīt visu tās piedāvāto **skaistumu.** Man tā ir ļoti mierīga un nomierinoša vieta. Es bieži pavadu laiku savā dārzā, vienkārši atpūšoties un baudot ainavu. Man patīk arī strādāt savā dārzā un audzēt dažādas lietas. Man ir diezgan liels dārzs, un man patīk tajā audzēt **dažādas** lietas. Es audzēju puķes, **dārzeņus** un garšaugus. Man ir arī daži augļu koki, kas ražo gardus ābolus, bumbierus un plūmes. Papildus audzēšanai man patīk arī pavadīt laiku, vienkārši pastaigājoties pa dārzu un **apbrīnojot** dažādos augus un dzīvniekus, kas tajā dzīvo. Gadu gaitā esmu pavadījusi daudzas stundas, strādājot pie tā, lai mans **dārzs** kļūtu ne tikai skaists,

Mon jardin

Mon jardin est mon coin de paradis. J'y vais tous les jours, qu'il pleuve ou qu'il vente, et je passe du temps à m'occuper de mes plantes. J'ai un peu de **tout :** **légumes**, fruits, fleurs, herbes. J'ai même quelques poules qui m'aident à tenir les parasites à distance. Je commence mes journées dans le jardin en ramassant les œufs des poules. Puis je vérifie que mes légumes reçoivent suffisamment d'eau et de soleil. Je désherbe les plates-bandes et j'élimine les insectes qui pourraient **attaquer** les plantes. Une fois que **tout est** fait, je m'assois et je profite de la paix et du calme de la nature.

J'ai toujours aimé passer du temps dans mon jardin. Il y a quelque chose dans le fait d'être entouré par la nature et toute la **beauté qu**'elle a à offrir. Je trouve que c'est un endroit très paisible et apaisant. Je passe souvent du temps dans mon jardin à me détendre et à profiter du paysage. J'aime aussi travailler dans mon jardin et faire pousser des choses. J'ai un jardin d'assez bonne taille et j'aime y faire pousser toutes **sortes** de choses. Je fais pousser des fleurs, des **légumes** et des herbes aromatiques. J'ai aussi quelques arbres fruitiers qui produisent de délicieuses pommes, poires et prunes. En plus de faire pousser des choses, j'aime aussi passer du temps à me promener dans mon jardin,

bet arī funkcionāls. Man patīk vērot, kā putni lido apkārt, un klausīties, kā tie dzied. Dažreiz es pat paņemu līdzi grāmatu un lasu dārzā, kamēr mani ieskauj viss manis radītais skaistums. **Dārzkopība** ir mana kaislība, un tā man sagādā tik daudz prieka. Katra diena manā dārzā ir laba diena.

Viena no lietām, ko es mīlu darīt, ir gatavot, tāpēc man ir ļoti **svarīgi, lai** man būtu labs garšaugu dārzs. Timiāns, baziliks, raudene, rozmarīns, salvija un lavanda ir tikai daži no garšaugiem, kurus man patīk audzēt savā dārzā, lai es tos varētu izmantot, gatavojot ēdienus sev vai **viesiem**. Vēl viena lieta, kas man ir svarīga dārzā, ir rūpēties par to, lai tajā būtu daudz krāsu. Lai sasniegtu šo mērķi, es audzēju visdažādākās puķes, tostarp **rozes,** lilijas, margrietiņas, tulpes, impatiens, kliņģerītes utt. Papildus krāsām, ko piešķir ziedi, man patīk dārzam piešķirt arī interesi, izmantojot dažādas **faktūras. Piemēram,** zem augstām saulespuķēm es varu iestādīt papardes vai hostas **blakus** asiem dekoratīvajiem zālaugiem. Neatkarīgi no tā, kas vēl notiek dzīvē, darbs dārzā vienmēr palīdz man justies vairāk saistītai ar dabu un mierā ar sevi.

à **admirer** toutes les plantes et tous les animaux qui y vivent. J'ai passé de nombreuses heures au fil des ans à faire de mon **jardin** un endroit non seulement beau mais aussi fonctionnel. J'aime regarder les oiseaux voltiger et les écouter chanter. Parfois, je sors même un livre et je lis dans le jardin, entourée de toute la beauté que j'ai créée. Le **jardinage** est ma passion et il m'apporte tant de joie. Chaque jour dans mon jardin est un bon jour.

L'une des choses que j'aime faire, c'est cuisiner. Il est donc très **important pour moi d'**avoir un jardin d'herbes aromatiques bien garni. Le thym, le basilic, l'origan, le romarin, la sauge et la lavande sont quelques-unes des herbes que j'aime faire pousser dans mon jardin pour pouvoir les utiliser lorsque je prépare des repas pour moi ou pour mes **invités**. Une autre chose qui est importante pour moi quand il s'agit de mon jardin, c'est de m'assurer qu'il y a beaucoup de couleurs dans tout le jardin. Pour atteindre cet objectif, je cultive une grande variété de fleurs, notamment des **roses**, des lys, des marguerites, des tulipes, des impatiens, des soucis, etc. En plus d'ajouter de la couleur avec les fleurs, j'aime aussi ajouter de l'intérêt en utilisant différentes **textures** dans le jardin. Par exemple, je peux planter des fougères sous des tournesols imposants ou des hostas à **côté de** graminées ornementales hérissées.

Izpratnes jautājumi

1. Kur ir autora dārzs?

2. Cik vistu ir autoram?

3. Ko autors katru dienu dara dārzā?

4. Kāpēc autoram patīk dārzs?

5. Kādus garšaugus autors stāda dārzā?

6. Kāpēc autoram ir svarīgi, ka viņa dārzā ir daudz krāsu?

7. Kā autors dažādo savu dārzu?

8. Kā autors jūtas, strādājot savā dārzā?

9. Kas liek autoram justies saistītam, kad viņš ir savā dārzā?

10. kāpēc katra diena autora dārzā ir laba diena?

Questions de compréhension

1. Où se trouve le jardin de l'auteur ?

2. Combien de poulets l'auteur possède-t-il ?

3. Que fait l'auteur dans le jardin tous les jours ?

4. Pourquoi l'auteur aime-t-il le jardin ?

5. Quelles herbes l'auteur plante-t-il dans le jardin ?

6. Pourquoi est-il important pour l'auteur qu'il y ait beaucoup de couleurs dans son jardin ?

7. Comment l'auteur apporte-t-il de la variété à son jardin?

8. Que ressent l'auteur lorsqu'il travaille dans son jardin?

9. Qu'est-ce qui fait que l'auteur se sent connecté quand il est dans son jardin ?

10. Pourquoi chaque jour dans le jardin de l'auteur est-il un bon jour ?

Iepirkšanās

Man patīk **iepirkties tirdzniecības** centrā. Vienmēr ir tik jautri staigāt apkārt un apskatīt visus dažādos veikalus. Tirdzniecības centrā ikviens var atrast kaut ko sev, un tur vienmēr var atrast izdevīgus apģērbu, apavu un aksesuāru piedāvājumus. Es **parasti** savu iepirkšanās ceļojumu sāku, ejot cauri tirdzniecības centra galvenajai **ieejai.** No turienes es vispirms dodos uz saviem iecienītākajiem veikaliem. Pēc šo veikalu apskates es pastaigājos apkārt un noskaidroju, vai citās vietās nenotiek izpārdošanas. Parasti es tirdzniecības centrā pavadu pāris stundas, pirms beidzot veicu pirkumus. Iepērkoties man vienmēr patīk nesteigties, **jo** vēlos būt pārliecināta, ka iegādājos **tieši** to, ko vēlos. Turklāt tā ir daudz jautrāk!

Man vienmēr šķiet **aizraujoši** vērot cilvēkus, kad esmu tirdzniecības centrā. Pēc tā, kā cilvēks iepērkas, var daudz ko pateikt par cilvēku. Daži cilvēki ir ļoti metodiski un nesteidzas, bet citi, šķiet, vienkārši paķer **visu, ko vien** var, un dodas pie kases pēc iespējas ātrāk. Ir arī tādi pircēji, kuri, šķiet, ir vairāk ieinteresēti runāt pa mobilo tālruni vai rakstīt īsziņas, nevis aplūkot preces! Tomēr neatkarīgi no tā, kāds pircējs jūs esat, ikvienam šķiet, ka patīk iepirkties veikalos - pat ja jūs patiesībā neko nepērkat. Ir kaut kas tāds, kas mani dara laimīgu,

Faire du shopping

J'adore aller **faire du shopping** au centre commercial.
C'est toujours très amusant de se promener et de
regarder tous les différents magasins. Il y en a pour
tous les goûts au centre commercial et c'est toujours
l'endroit idéal pour faire des affaires sur les vêtements,
les chaussures et les accessoires. Je commence
généralement mon shopping en passant par l'**entrée**
principale du centre commercial. De là, je me dirige
d'abord vers mes magasins préférés. Après avoir
fait le tour de ces magasins, je me promène pour
voir s'il y a des soldes dans d'autres endroits. Je
finis généralement par passer quelques heures dans
le centre commercial avant de faire mes achats.
J'aime toujours prendre mon temps lorsque je fais du
shopping, **car** je veux être sûre d'obtenir **exactement**
ce que je veux. En plus, c'est plus amusant comme ça !

Je trouve toujours **fascinant** d'observer les gens
quand je suis au centre commercial. On peut vraiment
en apprendre beaucoup sur une personne par sa
façon de faire ses courses. Certaines personnes sont
très méthodiques et prennent leur temps, tandis que
d'autres semblent prendre **tout ce qu'**elles peuvent
et se diriger vers la caisse aussi vite que possible. Il
y a aussi les acheteurs qui semblent plus intéressés

skatoties uz visām skaistajām lietām veikalu **skatlogos.** Dažreiz es fantazēju par to, kā būtu, ja es varētu atļauties **visu, ko** redzu! Kopumā iepirkšanās dienas pavadīšana tirdzniecības centrā ir viena no manām mīļākajām izklaidēm. Tas ir lielisks veids, kā atpūsties un relaksēties, vienlaikus arī nedaudz izkustēties (ja pietiekami daudz staigājat). Turklāt **vienmēr ir** patīkami laiku pa laikam sevi palutināt ar jaunu kreklu vai kurpju pāri!

Man bija **gara** darba diena, un beidzot man bija brīvs laiks, tāpēc nolēmu doties iepirkties uz tirdzniecības centru. Man vajadzēja jaunas drēbes **gaidāmajai** sezonai. Tiklīdz iegāju iekšā, ieraudzīju visas spožās gaismas un spīdošās veikalu vitrīnas. Vispirms devos uz savu iecienītāko veikalu un sāku pārlūkot plauktus. Atradu dažus jaukus topus un pielaikoju tos ģērbtuvē. Skatoties uz sevi spogulī, es dzirdēju, ka kāds ienāk ģērbtuvē, kas atradās blakus manai. Es atpazinu, ka viņa balss ir viena no manām kolēģēm. Mēs sasveicinājāmies un sākām tērzēt par darbu.

à parler au téléphone portable ou à envoyer des SMS qu'à regarder la marchandise ! Quel que soit le type d'acheteur, tout le monde semble apprécier le lèche-vitrine, même si vous n'achetez rien. Il y a quelque chose qui me rend heureuse dans le fait de regarder toutes ces jolies choses dans les **vitrines des magasins**. Parfois, je m'imagine comment ce serait si je pouvais m'offrir **tout ce que** je vois ! En fin de compte, passer une journée à faire du shopping au centre commercial est l'un de mes passe-temps favoris. C'est un excellent moyen de se détendre et de se relaxer tout en faisant un peu d'exercice (si vous marchez suffisamment). Et puis, c'est **toujours** agréable de s'offrir une nouvelle chemise ou une nouvelle paire de chaussures de temps en temps !

J'ai eu une **longue** journée de travail et j'ai enfin eu du temps pour moi, alors j'ai décidé d'aller faire du shopping au centre commercial. J'avais besoin de nouveaux vêtements pour la saison **à venir**. Dès que je suis entrée, j'ai vu toutes les lumières vives et les façades brillantes des magasins. Je me suis dirigée vers mon magasin préféré en premier et j'ai commencé à parcourir les rayons. J'ai trouvé quelques jolis hauts et les ai essayés dans la cabine d'essayage. Alors que je me regardais dans le miroir, j'ai entendu quelqu'un entrer dans la cabine d'**essayage** à côté de la mienne. J'ai reconnu sa voix comme étant celle d'un de mes collègues de travail.

Izpratnes jautājumi

1. Kur jums visvairāk patīk uzglabāt?

2. Kāds ir jūsu iecienītākais veikals tirdzniecības centrā?

3. Cik ilgi jūs parasti uzturaties tirdzniecības centrā?

4. Ko jūs domājat par cilvēkiem, kuri daudz laika pavada tirdzniecības centrā?

5. Kāda ir jūsu iecienītākā nodarbe tirdzniecības centrā?

6. Vai esat kādreiz iegādājies kaut ko tirdzniecības centrā, lai gan tas jums īsti nebija vajadzīgs?

7. Kā jūs reaģējat, kad tirdzniecības centrā ieraugāt kaut ko tādu, kas jums ļoti patiktu, bet ir pārāk dārgs?

8. Vai esat kādreiz redzējuši kaut ko tirdzniecības centrā un domājuši, kas to nopirks?

9. Kāds ir jūsu viedoklis par cilvēkiem, kuri tirdzniecības centrā ir aizņemti ar mobilo tālruni, nevis apskata veikalus?

Questions de compréhension

1. Où aimez-vous le plus stocker ?

2. Quel est votre magasin préféré dans le centre commercial ?

3. Combien de temps restez-vous habituellement au centre commercial ?

4. Que pensez-vous des personnes qui passent beaucoup de temps au centre commercial ?

5. Quelle est votre activité préférée au centre commercial ?

6. Avez-vous déjà acheté quelque chose au centre commercial alors que vous n'en aviez pas vraiment besoin ?

7. Comment réagissez-vous lorsque vous voyez au centre commercial un article que vous aimeriez vraiment, mais qui est trop cher ?

8. Avez-vous déjà vu quelque chose au centre commercial en vous demandant qui l'achèterait ?

9. Que pensez-vous des personnes qui sont occupées avec leur téléphone portable dans les centres commerciaux au lieu de regarder les magasins ?

Tirgū

Sestdienas rītā es pamostos agri no rīta, lai nokļūtu **tirgū,** pirms tas ir pārāk pārpildīts. Uzvelku drēbes un dodos ārā, pa ceļam paķerot savus vairākkārt lietojamos maisiņus. Ejot es sāku plānot, ko vēlos pagatavot nākamajai nedēļai. Zinu, ka vismaz vienu reizi gribu **cept** dārzeņus, tāpēc man būs jāiegādājas kvalitatīvi dārzeņi. Gribu pagatavot arī zupu vai sautējumu, tāpēc man vajadzēs iegādāties arī gaļu. Kad tur ieradīšos, man būs jāskatās, kas izskatās labs. Tirgus atrodas tikai dažu kvartālu attālumā, un es jau redzu izvietotos stendus un **ļaudis, kas** rosās apkārt.

Es ierodos tirgū un dodos uzreiz pie dārzeņu stenda. Izvēle ir skaista, un es piepildu savus maisiņus ar dažādiem **svaigiem** produktiem. Nedaudz aprunājos ar zemnieku, un viņš man iesaka dažas receptes. Es ar prieku tās izmēģinu. Iepērkoties es sarunājos ar **lauksaimniekiem, iepazīstot** viņus un viņu produktus. Pēc tam, kad esmu iegādājies visus man vajadzīgos dārzeņus, es dodos uz gaļas nodaļu. Šeit es esmu nedaudz svārstīgāks, jo neesmu pārliecināts, ko vēlos iegādāties. Galu galā izlemju izvēlēties vistas gaļu, jo tā ir universāla un to var izmantot dažādos ēdienos. Es arī pērku dažus dažādus gaļas gabalus, pārliecinoties, ka iegādājos ar zāli barotu liellopu gaļu un brīvās

Au marché

Je me réveille tôt le samedi matin, impatiente de me rendre au **marché** avant qu'il ne soit trop fréquenté. Je m'habille et je sors, en prenant mes sacs réutilisables en chemin. En marchant, je commence à planifier ce que je veux faire pour la semaine à venir. Je sais que je veux faire **rôtir des** légumes au moins une fois, donc je vais devoir acheter des légumes de bonne qualité. Je veux aussi faire une soupe ou un ragoût, et je vais donc devoir acheter de la viande. Je verrai bien ce qui me semble bon quand je serai sur place. Le marché n'est qu'à quelques rues d'ici, et je vois déjà les étals installés et les **gens qui** s'agitent.

J'arrive au marché et me dirige directement vers le stand des légumes. La sélection est magnifique, et je remplis mes sacs d'une variété de produits **frais**. Je discute un peu avec le fermier et il me recommande quelques recettes. J'ai hâte de les essayer. Je discute avec les **agriculteurs** pendant que je fais mes courses, pour apprendre à les connaître et à connaître leurs produits. Après avoir acheté tous les légumes dont j'ai besoin, je passe à la section des viandes. Je suis un peu plus hésitante, car je ne suis pas sûre de ce que je veux acheter. J'opte finalement pour du poulet, car il est polyvalent et peut être utilisé dans de nombreux plats. J'achète également quelques morceaux de

turēšanas apstākļos audzētu **vistas gaļu**. Miesnieks bija draudzīgs cilvēks, vienmēr jautrs, neskatoties uz garajām darba stundām. Viņš iesaiņoja manas vistas krūtiņas un steiku, pirms aprunājās ar mani par saviem nedēļas nogales plāniem. Es atvadījos no viņa un turpināju ceļu. Es paņēmu arī dažas olas un sieru no piena produktu nodaļas.

Tirgū rosījās ļaužu pūļi, kuri visi vēlējās iegādāties svaigu produkciju un gaļu, kas tika piedāvāta. Gaisā bija jūtama ķiploku un sīpolu smarža, un gaisā skanēja smiekli un sarunas. Es virzījos cauri pūlim, izvēloties pārējās preces, kas man bija vajadzīgas iknedēļas iepirkumam. Es piepildīju savu **grozu ar** augļiem un dārzeņiem, makaroniem un maizi, pirms devos pie kases. Rinda bija gara, bet tā ātri virzījās uz priekšu. Beidzot bija nopirkti pēdējie **pārtikas produkti,** un bija laiks doties mājās. Automašīna bija piekrauta, un ceļš uz mājām bija garš un garlaicīgs. Satiksme bija intensīva, un karstums bija nomācošs. Beidzot mašīna iebrauca piebraucamajā ceļā, un atvieglojums bija jūtams. Mājā bija vēss un kluss, un pēc tirgus burzmas un burzmas tā bija kā patvērums. Viss tika novākts, un drīz vien mājā atkal valdīja ierastais miers un klusums. Man bija viss nepieciešamais, lai pagatavotu **garšīgus** ēdienus sev un savai ģimenei. Bija patīkami būt mājās.

viande différents, en veillant à prendre du bœuf nourri à l'herbe et du **poulet** élevé en plein air. Le boucher est un homme sympathique, toujours de bonne humeur malgré ses longues heures de travail. Il a emballé mes blancs de poulet et mon steak avant de me parler de ses projets pour le week-end. Je lui ai dit au revoir et j'ai continué mon chemin. J'ai également acheté des œufs et du fromage au rayon produits laitiers.

Le marché grouille de gens, tous impatients de mettre la **main sur les** produits frais et la viande proposés. L'odeur de l'ail et des oignons flottait dans l'air, et le son des rires et des conversations était omniprésent. Je me suis frayé un chemin dans la foule, en choisissant les autres articles dont j'avais besoin pour mes courses de la semaine. J'ai rempli mon **panier** de fruits et légumes, de pâtes et de pain, avant de me diriger vers la caisse. La file d'attente est longue, mais elle avance rapidement. Enfin, j'ai acheté les dernières **provisions et il est** temps de rentrer à la maison. La voiture est chargée, et le chemin du retour est long et fastidieux. La circulation est dense et la chaleur est accablante. Enfin, la voiture se gare dans l'allée et le soulagement est palpable. La maison était fraîche et calme, et c'était un havre de paix après l'**agitation** du marché. Tout a été rangé, et la maison a rapidement retrouvé sa tranquillité habituelle. J'avais tout ce dont j'avais besoin pour préparer de **délicieux** repas pour moi et pour ma famille. C'était bon d'être chez soi.

Izpratnes jautājumi

1. Kur persona dodas?

2. Ko persona vēlas iegādāties?

3. Cik daudz somu personai ir?

4. Cik tālu ir tirgus?

5. Ko šī persona dara tieši tagad?

6. Kas viss ir tirgū?

7. Cik daudz cilvēku ir tirgū?

8. Cik ilgā laikā persona visu nopirka?

9. Kā persona devās mājās?

10. Ko persona darīja, kad atgriezās mājās?

Questions de compréhension

1. Où va la personne ?

2. Que veut acheter la personne ?

3. Combien de sacs la personne possède-t-elle ?

4. A quelle distance se trouve le marché ?

5. Que fait la personne en ce moment ?

6. Que se passe-t-il sur le marché ?

7. Combien y a-t-il de personnes sur le marché ?

8. Combien de temps a-t-il fallu à la personne pour tout acheter ?

9. Comment la personne est-elle rentrée chez elle ?

10. Qu'a fait la personne en rentrant chez elle ?

Kafejnīcā

Bija vēss **rudens** rīts, un es biju norunājusi tikšanos ar draudzeni Liliju mūsu iecienītajā kafejnīcā, lai iedzertu kafiju. Silti ietinoties mēteļos un šallē, es devos ceļā. No kokiem krita lapas, un gaiss bija iesnas, taču spīdēja saule, un diena solījās būt skaista. Ejot es **domāju par to**, cik labi, ka man ir tāda draudzene kā Lilija. Mēs bijām draudzenes jau gadiem ilgi, kopš iepazināmies **universitātē**. Mūs saistīja mīlestība uz kafiju un laika pavadīšana, tērējot laiku kafejnīcās. Lai gan tagad dzīvojām dažādās pilsētas daļās, mums joprojām izdevās reizi nedēļā tikties uz kafiju. Es ierados kafejnīcā, un Lilija jau tur mani gaidīja. Mēs apskāvāmies, sasveicinājāmies un pasūtījām kafiju. Mēs atradām galdiņu pie loga un iekārtojāmies, lai aprunātos. **Kafija** kā vienmēr bija garšīga, un bija tik patīkami satikt Liliju. Mēs runājām par savu nedēļu, darbu un nākotnes plāniem. Ar Liliju vienmēr bija tik viegli sarunāties, un es jutos tā, it kā es viņai varētu pastāstīt jebko. Pēc brīža mēs sākām izsalkt un **nolēmām** pasūtīt kādu ēdienu.

Mēs **pasūtījām** ēdienu un atradām vietu pie loga. Caur logu spīdēja saule, kas visu padarīja siltu un priecīgu. Ēdot ēdienu, mēs sarunājāmies, izbaudot vienkāršu prieku, ko sagādā atrašanās viens otra **sabiedrībā**.

Dans un café

C'était un matin d'**automne** frisquet, et j'avais donné rendez-vous à mon amie Lily dans notre café préféré pour prendre un café. Je me suis enveloppée chaudement dans mon manteau et mon écharpe et je suis partie. Les feuilles tombaient des arbres et l'air était glacial, mais le soleil brillait et la journée promettait d'être magnifique. Tout en marchant, j'ai **pensé** à quel point c'était bien d'avoir une amie comme Lily. Nous étions amies depuis des années, depuis notre rencontre à l'**université**. Nous nous sommes liées par notre amour du café et du temps passé à discuter dans les cafés. Même si nous vivions dans des quartiers différents de la ville, nous nous retrouvions pour prendre un café une fois par semaine. Je suis arrivé au café, et Lily était déjà là, à m'attendre. Nous nous sommes embrassées et avons commandé nos cafés. Nous avons trouvé une table près de la fenêtre et nous nous sommes installées pour discuter. Le **café** était délicieux, comme toujours, et c'était si agréable de rattraper le temps perdu avec Lily. Nous avons parlé de notre semaine, de nos emplois et de nos projets pour l'avenir. C'était toujours si facile de parler à Lily, et j'avais l'impression que je pouvais tout lui dire. Après un moment, nous avons commencé à avoir faim et **avons décidé** de commander de la nourriture.

Kafejnīca bija aizņemta, taču nelikās pārpildīta. Gaisā valdīja miera un apmierinātības sajūta. Kad ēdiens bija gatavs, mēs vēl kādu brīdi pasēdējām, vienkārši baudot mierīgo **atmosfēru**. Kādu brīdi mēs runājām par dažādām lietām, kas bija notikušas mūsu dzīvē. Bija tik patīkami satikt savu draugu un vienkārši **atpūsties**. Saule spīdēja pa logu, un šķita, ka **nekas nevar** sabojāt mūsu lielisko dienu.

Pēkšņi es izdzirdēju skaļu triecienu. Es pagriezos un ieraudzīju, ka kāds vīrietis bija izkritis caur griestiem un gulēja uz grīdas mūsu priekšā. Viņš bija **klāts ar** putekļiem un atlūzām un, šķiet, bija bezsamaņā. Es un mans draugs bijām šokā, skatoties uz vīrieti, kas gulēja uz grīdas. Mēs nezinājām, ko darīt un kam zvanīt pēc palīdzības. Mēs vienkārši sēdējām un skatījāmies uz viņu, nezinādami, ko darīt. Pēc dažām minūtēm es apstājos un piezvanīju policijai. Operatore man teica, ka drīz kāds ieradīsies. Es nokārtoju klausuli un pastāstīju savam draugam, ko teica **operators.**

Nous avons **commandé notre** nourriture et trouvé un siège près de la fenêtre. Le soleil brillait à travers la fenêtre, rendant le tout chaleureux et joyeux. Nous avons bavardé en mangeant, appréciant le simple plaisir d'être en **compagnie de l'autre**. Le café était occupé, mais il n'y avait pas de foule. Il y avait un sentiment de paix et de satisfaction dans l'air. Après avoir terminé notre repas, nous sommes restés assis un moment de plus, profitant de l'**atmosphère** paisible. Nous avons parlé pendant un moment de différentes choses qui avaient eu lieu dans nos vies. C'était si agréable de rattraper le temps perdu avec mon ami et de **se détendre**. Le soleil brillait à travers la fenêtre, et c'était comme si **rien ne** pouvait gâcher notre journée parfaite.

Soudain, j'ai entendu un grand fracas. Je me suis retourné pour voir qu'un homme avait traversé le plafond et gisait sur le sol devant nous. Il était **couvert** de poussière et de débris et semblait être inconscient. Mon ami et moi étions tous deux sous le choc en regardant l'homme allongé sur le sol. Nous ne savions pas quoi faire ni qui appeler à l'aide. Nous sommes restés assis là, à le regarder, sans savoir quoi faire. Après quelques minutes, je me suis ressaisie et j'ai appelé le 911. L'opérateur m'a dit que quelqu'un arriverait bientôt. J'ai raccroché le téléphone et j'ai raconté à mon ami ce que l'**opérateur avait** dit.

Izpratnes jautājumi

1. No kurienes rodas cilvēks, kas izkrīt caur jumtu?

2. Kāpēc sieviete ar savu draugu atrodas kafejnīcā?

3. Kāda ir abu draugu iecienītākā kafejnīca?

4. Cik ilgi abi draugi viens otru pazīst?

5. Kāds ir abu draugu mīļākais dzēriens?

6. Kurā pilsētā dzīvo abi draugi?

7. Cik bieži abi draugi tiekas?

8. Par ko abi draugi sarunājas, kad pirmo reizi satiekas savā iecienītajā kafejnīcā?

9. Kāds ir abu draugu mīļākais ēdiens?

10. Kāpēc ir tik viegli runāt ar Liliju?

Questions de compréhension

1. D'où vient l'homme qui tombe à travers le toit ?

2. Pourquoi la femme est-elle avec son ami dans le café ?

3. Quel est le café préféré des deux amis ?

4. Depuis combien de temps les deux amis se connaissent-ils ?

5. Quelle est la boisson préférée des deux amis ?

6. Dans quelle ville vivent les deux amis ?

7. Combien de fois les deux amis se rencontrent-ils ?

8. De quoi parlent les deux amis lorsqu'ils se rencontrent pour la première fois dans leur café préféré ?

9. Quel est le plat préféré des deux amis ?

10. Pourquoi c'est si facile de parler à Lily ?

Peldēšana

Baseins vienmēr bija **atsvaidzinoša** vieta, un šodien nebija citādi. Saule spīdēja, un ūdens izskatījās pievilcīgs. Es dziļi ievilku elpu un ieniru, sajūtot vēso ūdens apskāvienu. Kādu brīdi peldēju apļus, izbaudot vingrinājumu un iespēju izvēdināt galvu. Pēc brīža izkāpu no ūdens un nosusinājos, tad apsēdos uz dvieļa, lai atpūstos saulē. Es aizvēru acis un ļāvos, lai mani pārņem **siltums,** sajutu, kā muskuļi sāk atslābināties. Pēkšņi izdzirdēju šļakatas un atvēru acis, lai ieraudzītu savu mazo māsu, kas **airēja** seklumā. Es pasmaidīju un kādu brīdi vēroju viņu, tad piecēlos un piegāju pie viņas. Mēs mazliet parunājāmies un airējām kopā, izbaudot viens otra kompāniju. Drīz mums pievienojās arī vecāki, un mēs pavadījām atlikušo pēcpusdienas daļu peldoties un spēlējot spēles kopā. Vienmēr bija tik patīkami pavadīt laiku kopā ar ģimeni baseinā. Šķiet, ka atrašanās ūdenī **kaut ko** vieno cilvēkus. Varbūt tas ir tāpēc, ka, atrodoties ūdenī, mēs visi esam vienlīdzīgi - mēs nevaram slēpt savas nepilnības vai izlikties par tādiem, kādi neesam. Vai varbūt tas ir vienkārši tāpēc, ka tas ir jautri! **Lai kāds būtu** iemesls, es vienkārši priecājos, ka mēs visi varējām sanākt kopā un izbaudīt viens otra sabiedrību tik īpašā vietā.

Saule spīdēja man uz ādas, un gaisā bija jūtama

Aller nager

La piscine était toujours un endroit **rafraîchissant**, et aujourd'hui n'était pas différent. Le soleil brillait et l'eau semblait invitante. J'ai pris une profonde inspiration et j'ai plongé, sentant l'étreinte fraîche de l'eau. J'ai fait des longueurs pendant un moment, appréciant l'exercice et la possibilité de me vider la tête. Au bout d'un moment, je suis sorti et me suis séché, puis je me suis assis sur une serviette pour me détendre au soleil. J'ai fermé les yeux et laissé la **chaleur** m'envahir, sentant mes muscles se détendre. Soudain, j'ai entendu une éclaboussure et j'ai ouvert les yeux pour voir ma petite sœur **pagayer dans la** partie peu profonde. J'ai souri et je l'ai regardée pendant un moment, puis je me suis levée et je suis allée vers elle. Nous avons bavardé un peu et pataugé ensemble, appréciant la compagnie de l'autre. Nos parents nous ont bientôt rejoints et nous avons passé le reste de l'après-midi à nager et à jouer ensemble. C'était toujours très agréable de passer du temps avec la famille à la piscine. Il y a **quelque chose** dans le fait d'être dans l'eau qui semble rassembler les gens. Peut-être est-ce parce que nous sommes tous égaux lorsque nous sommes dans l'eau - nous ne pouvons pas cacher nos défauts ou prétendre être ce que nous ne sommes pas. Ou peut-être est-ce simplement parce que c'est amusant ! **Quelle que soit la** raison, j'étais simplement heureuse que nous

hlora smaka. Es dzirdēju, kā bērni smejas un šļakstās baseinā. Es gulēju uz **atpūtas** krēsla blakus baseinam, sauļojos un **baudīju** dienu. Es biju aizvērusi acis un jau grasījos aizmigt, kad sadzirdēju, ka kāds man tuvojas. Es atvēru acis un ieraudzīju sievieti, kas stāvēja man blakus. Viņa bija tērpusies bikini un ap vidukli aptinusi dvieli. Viņai bija gari gaiši mati un zilas acis. Rokā viņa turēja **sauļošanās krēma** pudelīti. "Vai neiebilstat, ja es uzziežu jums muguru ar sauļošanās krēmu?" viņa jautāja. "Nē, tas ir labi," es atbildēju, apsēdos, lai viņa varētu aizsniegt manu muguru. Es jutu viņas rokas uz savas ādas, kad viņa uzklāja saules aizsargkrēmu.

Viņas pieskāriens bija maigs, un saules aizsargkrēma smarža nomierināja. Es atkal aizvēru acis un ļāvu sev atslābināties. Es dzirdēju, **kā** viņa kustas, bet neatvēru acis. Es biju apmierināts ar to, ka vienkārši gulēju saulē un klausījos, kā viļņi **dauzās** pret krastu. Pēc dažām minūtēm viņa aizgāja prom, un es atvēru acis. Es vēroju, kā viņa atgriezās pie sava atpūtas krēsla un paņēma grāmatu.

puissions tous nous réunir et profiter de la compagnie des autres dans un endroit aussi spécial.

Le soleil tapait sur ma peau et l'odeur du chlore flottait dans l'air. J'entendais le bruit des enfants qui riaient et barbotaient dans la piscine. J'étais allongée sur une chaise **longue près de la** piscine, profitant du soleil et **de la** journée. J'avais les yeux fermés et j'étais sur le point de m'endormir lorsque j'ai entendu quelqu'un s'approcher de moi. J'ai ouvert les yeux et j'ai vu une femme debout à côté de moi. Elle portait un bikini et avait une serviette enroulée autour de sa taille. Elle avait de longs cheveux blonds et des yeux bleus. Elle tenait une bouteille de **crème solaire** dans sa main. "Ça te dérange si je mets de la crème solaire sur ton dos ?" a-t-elle demandé. "Non, ça va", ai-je répondu, en me redressant pour qu'elle puisse atteindre mon dos. J'ai senti ses mains sur ma peau alors qu'elle appliquait la crème solaire.

Son toucher était doux et l'odeur de la crème solaire était apaisante. J'ai fermé les yeux à nouveau et me suis laissé aller à la détente. Je pouvais entendre le **bruit** de ses mouvements, mais je n'ai pas ouvert les yeux. Je me contentais de rester allongé au soleil, en écoutant le bruit des vagues qui **s'écrasaient** sur le rivage. Après quelques minutes, elle s'est éloignée, et j'ai ouvert les yeux. Je l'ai regardée retourner vers sa chaise longue et prendre son livre.

Izpratnes jautājumi

1. Kur stāstītājs atradās, kad viņš sāka stāstu?

2. Ko stāstītājs sajūt, kad viņš atver acis?

3. Ko stāstītājs dzird, kad viņš atver acis?

4. Kuru sauļošanās krēmu sieviete dod stāstītājai?

5. Par ko stāstītājs sapņo?

6. Kāpēc stāstniekam peldēšanās jūrā ir tik īpaša?

7.Kā jūtas ūdens, kurā peld stāstītājs?

8. Ko stāstītājs redz, kad izkāpj no ūdens?

9. Ko sieviete dara pēc tam, kad viņa uzklāj stāstniekam saules aizsargkrēmu?

10. Par ko stāstītājs un sieviete runā stāsta beigās?

Questions de compréhension

1. Où se trouvait le narrateur lorsqu'il a commencé l'histoire ?

2. Que sent le narrateur lorsqu'il ouvre les yeux ?

3. Qu'entend le narrateur lorsqu'il ouvre les yeux ?

4. A qui la femme donne-t-elle de la crème solaire au narrateur ?

5. De quoi le narrateur rêve-t-il ?

6. Pourquoi la baignade dans la mer est-elle si spéciale pour le narrateur ?

7. quelle est la sensation de l'eau dans laquelle nage le narrateur ?

8. Que voit le narrateur quand il sort de l'eau ?

9. Que fait la femme après avoir mis la crème solaire sur le narrateur ?

10. De quoi le narrateur et la femme parlent-ils à la fin de l'histoire ?

Zāliena pļaušana

Vasaras **sestdienā ir** 10 rītā, un saule jau nežēlīgi
spīd. Tu dodies uz garāžu pēc zāles pļāvēja un jūties
kā **notiesāts uz** smagu darbu. Jūs sākat pļaut zālienu,
pārliecinoties, ka pļaujat lēni un lēni, lai nepalaistu
garām nevienu vietu. Pļaujot jūs domājat par to, cik labi
ir atrasties svaigā gaisā. Sākot stumt pļāvēju uz priekšu
un atpakaļ pāri zālienam, **acs kaktiņā** ieraugāt kaimiņu.
Jūs pamājat ar roku un apsveicināties, un viņš pamāja
jums pretī.

Pēc dažām minūtēm tu esi beidzis un dodies pie
kaimiņa mājas, lai kopā ar viņu dārzā iedzertu alu.
Diena ir **lieliska -** nav pārāk karsti, pūš viegls vējš. Jūs
sēžat koka ēnā, malkojat alu un sarunājaties ar kaimiņu.
Šādas dienas liek novērtēt vasaru. Tad jūs **dodaties**
iekšā, lai iedzertu pelnīto alu. Jūs nosēžaties krēslā
uz lieveņa un atverat bundžu, apmierināti nopūšoties.
Pļaujmašīnas pļāvēja skaņa izzūd fonā, kamēr jūs
atpūšaties ēnā, izbaudot mirkļa **mieru.** Alus garšo īpaši
labi pēc smagā darba karstumā. Es jau grasījos doties
iekšā, kad sadzirdēju troksni blakus durvīs.

Izklausījās, it kā kāds raudātu. Es pārtraucu pļaušanu
un piegāju pie žoga, kas atdalīja mūsu pagalmus. Es
ielūkojos un ieraudzīju savu kaimiņieni Džonsones

Tonte de la pelouse

Il est 10 heures du matin, un **samedi d'**été, et le soleil tape déjà sans pitié. Vous vous frayez un chemin jusqu'au garage pour aller chercher la tondeuse à gazon, avec l'impression d'être **condamné** aux travaux forcés. Vous commencez à tondre la pelouse, en veillant à aller doucement pour ne pas manquer d'endroits. Pendant que vous tondez, vous pensez à tout le bien que cela fait d'être dehors à l'air frais. Alors que vous commencez à pousser la tondeuse d'avant en arrière sur la pelouse, vous apercevez votre voisin du coin de l'œil. Vous lui faites signe et lui dites bonjour, et il vous répond.

Après quelques minutes, vous avez terminé, et vous vous rendez chez votre voisin pour prendre une bière avec lui dans le jardin de devant. C'est une journée **parfaite**, il ne fait pas trop chaud et une légère brise souffle. Vous êtes assis à l'ombre de l'arbre, sirotant votre bière et discutant avec votre voisin. Ce sont des jours comme celui-ci qui vous font apprécier l'été. Puis vous rentrez à l'intérieur pour prendre une bière bien méritée. Vous vous installez sur une chaise sous le porche et ouvrez la canette, en poussant un soupir de satisfaction. Le bruit de la tondeuse s'estompe et vous vous détendez à l'ombre, profitant de la **tranquillité**

kundzi, kura raudāja uz verandas šūpolēm. Es saucu uz viņu, bet viņa mani nedzirdēja. Es pārkāpu pāri žogam un piegāju pie viņas. "Džonsones kundze, vai ar jums viss kārtībā?" Es jautāju. Viņa paskatījās uz mani ar asarām acīs un pakratīja galvu. "Nē, es neesmu labi," viņa teica. "Mans kaķis vakar nomira." Es biju šokēta. Es nezināju, ko teikt. Es tikai neveikli stāvēju, nezinādama, ko darīt. Visbeidzot es uzliku roku viņai uz **pleca** un teicu: "Man ir ļoti žēl, Džonsones kundze. Ja es varu kaut kā palīdzēt, lūdzu, dodiet man zināt. " Viņa pakratīja galvu un sacīja: "Nē, neviens **neko nevar** darīt." Viņa atcirta galvu un atbildēja: "Ne, neviens **neko nevar** darīt." Tad viņa piecēlās un iegāja savā mājā. Kādu brīdi stāvēju tur, nezinādama, ko darīt. Tad es atgriezos pie zāliena pļaušanas. Kad pabeidzu pļaušanu, es nevarēju nedomāt par Džonsones kundzi un viņas kaķi.

du moment. La bière a un goût extra bon après tout ce dur travail dans la chaleur. J'étais sur le point de rentrer quand j'ai entendu un bruit à côté.

On aurait dit que quelqu'un pleurait. J'ai arrêté de tondre et j'ai marché jusqu'à la clôture qui séparait nos jardins. J'ai jeté un coup d'œil par-dessus et j'ai vu ma voisine, Mme Johnson, pleurer sur sa balançoire sous le porche. Je l'ai appelée, mais elle ne m'a pas entendue. J'ai escaladé la clôture et j'ai marché jusqu'à elle. "Mme Johnson, vous allez bien ?" J'ai demandé. Elle a levé les yeux vers moi, les larmes aux yeux, et a secoué la tête. "Non, je ne vais pas bien", a-t-elle dit. "Mon chat est mort hier." J'étais choquée. Je n'ai pas su quoi dire. Je suis restée là, maladroitement, sans savoir quoi faire. Finalement, j'ai posé ma main sur son **épaule** et j'ai dit : "Je suis vraiment désolée, Mme Johnson. Si je peux faire quelque chose pour vous aider, faites-le moi savoir". "Elle a secoué la tête et a dit : "Non, il **n'y a rien que** personne ne puisse faire". Puis elle s'est levée et est entrée dans sa maison. Je suis resté là un moment, ne sachant pas quoi faire. Puis je suis retourné tondre ma pelouse. En terminant, je n'ai pu m'empêcher de penser à Mme Johnson et à son chat.

Izpratnes jautājumi

1. Kāds ir laiks?

2. Kur cilvēks pļauj?

3. Kā cilvēks jūtas?

4. Kāpēc cilvēkam ir jāpļauj lēni?

5. Kādi ir laikapstākļi?

6. Ko cilvēks dara pēc pļaušanas?

7. Ko cilvēks dzird pirms došanās mājās?

8. Kas ir kopā ar Džonsones kundzi?

9. Kāpēc Džonsones kundze raud?

10. ko šī persona saka Džonsones kundzei?

Questions de compréhension

1. Quelle heure est-il ?

2. Où se trouve la personne qui tond ?

3. Comment la personne se sent-elle ?

4. Pourquoi la personne doit-elle tondre lentement ?

5. Quel est le temps qu'il fait ?

6. Que fait la personne après avoir fauché ?

7. Qu'entend la personne avant de rentrer chez elle ?

8. Qui est avec Mme Johnson ?

9. Pourquoi Mme Johnson pleure-t-elle ?

10. Que dit la personne à Mme Johnson ?

Matu griešanas iegūšana

Es jau nedēļām ilgi biju gribējusi apgriezties, bet kaut kā vienmēr biju to atlikusi uz vēlāku laiku. Taču, kad **Ziemassvētki** bija pavisam tuvu, es zināju, ka vairs nevaru to atlikt. Es negribēju ierasties uz ģimenes Ziemassvētku vakariņām, izskatoties pēc neglīta. Tāpēc Ziemassvētku rītā agri no rīta es devos uz salonu. Lai gan bija agri, salons jau bija aizņemts ar citiem cilvēkiem, kas **gatavojās svētku** frizūrai. Es ieņēmu vietu rindā un gaidīju savu kārtu. Beidzot pienāca mana kārta. Stiliste, draudzīga sieviete vārdā Džila, man jautāja, ko es vēlos. "Tikai apgriezt, neko pārāk drastisku," es atbildēju. Džila ķērās pie darba, nogriežot man matus. Viņai strādājot, es sāku atslābināties. Bija laba sajūta, ka beidzot rūpējos par sevi. Pēdējā laikā biju tik aizņemta, rūpējoties par citiem, ka savas vajadzības biju atstājusi novārtā. Bet **tagad** tā vairs nav. No šī brīža es grasījos veltīt laiku sev.

Kad Džila bija gatava, es paskatījos spogulī un biju apmierināta ar to, ko redzēju. Mani mati izskatījās sakopti un noslīpēti - ideāli piemēroti svētku pasākumiem. Es **pateicos** Džillai un **pierakstīju, lai** biežāk iegriežas pie manis. Turpmāk es rūpēšos vispirms par sevi. Viņa ķērās pie darba un nogrieza man matus. Es domāju par to, cik ļoti esmu pateicīga,

Se faire couper les cheveux

Cela faisait des semaines que je voulais me faire couper les cheveux, mais j'arrivais toujours à remettre ça à plus tard. Mais à l'approche de **Noël, je** savais que je ne pouvais plus attendre. Je ne voulais pas me présenter au dîner de Noël de ma famille avec une coiffure débraillée. Alors, tôt le matin de Noël, je me suis rendue au salon. Même s'il était tôt, le salon était déjà occupé par d'autres personnes qui **se faisaient** coiffer pour les fêtes. J'ai pris ma place dans la file d'attente et j'ai attendu mon tour. Enfin, c'était mon tour sur la chaise. La styliste, une femme sympathique nommée Jill, m'a demandé ce que je voulais. "Juste une coupe, rien de trop radical", ai-je répondu. Jill s'est mise au travail, coupant mes cheveux. Pendant qu'elle travaillait, j'ai commencé à me détendre. C'était bon de prendre enfin soin de moi. J'avais été tellement occupé ces derniers temps, à courir partout pour m'occuper de tout le monde, que j'avais laissé mes propres besoins de côté. Mais plus **maintenant**. A partir de maintenant, j'allais prendre du temps pour moi.

Lorsque Jill a terminé, je me suis regardée dans le miroir et j'étais ravie de ce que je voyais. Mes cheveux étaient soignés et polis, parfaits pour les fêtes de fin d'année. J'ai **remercié** Jill et j'ai noté **mentalement** de

ka beidzot esmu ķērusies pie frizūras. Bija labi zināt, ka uz Ziemassvētku **vakariņām** izskatīšos reprezentatīvi. Man vairs nebūs jāuztraucas par to, ka ģimene mani ņirgās par manu "nekārtīgo" izskatu. Pēc dažām minūtēm stiliste pabeidza manus matus un ātri izžāvēja. Es paskatījos spogulī un biju apmierināta ar to, ko redzēju - tīri sakoptu izskatu, kas būtu ideāli piemērots Ziemassvētku vakariņām. Tagad, kad frizūra bija galā, es varēju pievērsties svētku baudīšanai kopā ar ģimeni. Un par to es biju vēl pateicīgāka.

Tas bija tik **atbrīvojoša** sajūta, un man patika, kā izskatījās mana jaunā frizūra. Kad samaksāju par frizūru, es devos mājās un sāku gatavoties ceļojumam. Es **nevarēju vien** sagaidīt, kad parādīšu savu jauno izskatu ģimenei un draugiem. Es zināju, ka viņi būs pārsteigti, kad mani ieraudzīs. Lidojuma dienā es ierados lidostā ar pietiekami daudz laika rezervē. Es bez problēmām izgāju cauri drošības kontrolei, un drīz es jau biju ceļā. Tiklīdz es ierados galamērķī, es sajutu gaisā valdošo satraukumu. Ziemassvētki noteikti bija gaisā! Lidostā mani sagaidīja ģimene, un viņi visi bija pārsteigti par manu jauno frizūru.

revenir plus souvent. À partir de maintenant, je prendrai soin de moi d'abord et avant tout. Elle s'est mise au travail en coupant mes cheveux. J'ai pensé à combien j'étais reconnaissante d'avoir enfin pris le temps de me faire couper les cheveux. Je me sentais bien de savoir que j'allais être présentable pour le **repas de** Noël. Je n'aurais plus à m'inquiéter des taquineries de ma famille sur mon apparence "débraillée". Après quelques minutes, le coiffeur a fini de me couper les cheveux et m'a fait un rapide brushing. Je me suis regardé dans le miroir et j'étais heureux de ce que je voyais - un look propre qui serait parfait pour le dîner de Noël. Maintenant que ma coupe de cheveux était terminée, je pouvais me concentrer sur les vacances avec ma famille. Et j'en étais encore plus reconnaissante.

Je me suis sentie tellement **libérée** et j'ai adoré le look de ma nouvelle coupe de cheveux. Après avoir payé ma coupe, je suis rentrée chez moi et j'ai commencé à faire mes bagages pour mon voyage. J'**avais hâte** de montrer mon nouveau look à ma famille et à mes amis. Je savais qu'ils seraient surpris en me voyant. Le jour de mon vol, je suis arrivée à l'aéroport avec beaucoup de temps devant moi. J'ai passé le contrôle de sécurité sans problème et j'ai rapidement pris la route. Dès que je suis arrivé à destination, j'ai senti l'excitation dans l'air. Il y avait vraiment de l'air pour Noël ! Ma famille était là pour m'accueillir à l'aéroport, et ils étaient tous étonnés de ma nouvelle coupe de cheveux.

Izpratnes jautājumi

1. Kas galvenajam varonim bija jādara pirms Ziemassvētkiem?

2. Kā galvenā varone jutās, rūpējoties par sevi?

3. Kas apgrieza galvenā varoņa matus?

4. Kāpēc galvenās varones ģimene grasījās viņu ņirgāties?

5. Kā jutās galvenā varone pēc frizūras iegūšanas?

6. Ko darīja galvenā varone pēc frizūras iegūšanas?

7. Kāda bija galvenās varones ģimenes reakcija uz viņas frizūru?

8. Ko varonis darīja Ziemassvētku vakarā?

9. Kas padarīja galvenā varoņa pieredzi īpašāku?

10. Kas notiktu, ja galvenais varonis netiktu apgriezts?

Questions de compréhension

1. Que devait faire le protagoniste avant Noël ?

2. Que pense la protagoniste du fait de prendre soin d'elle ?

3. Qui a taillé les cheveux du protagoniste ?

4. Pourquoi la famille de la protagoniste allait-elle se moquer d'elle ?

5. Qu'a ressenti la protagoniste après s'être fait couper les cheveux ?

6. Qu'a fait la protagoniste après s'être fait couper les cheveux ?

7. Quelle a été la réaction de la famille de la protagoniste à sa coupe de cheveux ?

8. Qu'a fait le protagoniste la veille de Noël ?

9. Qu'est-ce qui a rendu l'expérience du protagoniste plus spéciale ?

10. Que se passerait-il si le protagoniste ne se faisait pas couper les cheveux ?

Parks

Saule jau rietēja, un parks bija tukšs. Es sēdēju uz soliņa un gaidīju savu **draugu**. Mēs bijām plānojušas šeit satikties jau pirms stundas, bet viņa vienmēr kavēja. Tikko, kad es jau grasījos padoties un doties mājās, ieraudzīju, ka viņa skrien man pretī.
"Man ir tik žēl," viņa nopūtās, kad nonāca līdz soliņam. "Mans vilciens **kavējās.**"
"Viss ir kārtībā," es **samiernieciski** atteicu. "Es pati tikko ierados."
Mēs apsēdāmies un kādu laiku tērzējām, pārrunājot viens otra dzīvi kopš pēdējās tikšanās reizes. Saruna ritēja **viegli,** un šķita, ka kopš pēdējās tikšanās nemaz nav pagājis tik ilgs laiks. Kad saule uzspīdēja, mēs atvadījāmies un devāmies katrs savu ceļu. Nākamreiz mēs tikāmies citā parkā. Arī šoreiz viņa kavējās, bet man tas netraucēja. Bija patīkami, ka bija kāds, ar ko parunāt, kurš mani **saprata.** Mēs runājām par saviem sapņiem un **vēlmēm,** par lietām, ko vēlamies darīt savā dzīvē. Viņa man pastāstīja par saviem plāniem apceļot pasauli, un es pastāstīju par savu sapni kļūt par rakstnieci. Kad saule uzspīdēja vēl vienu dienu, mēs vēlreiz atvadījāmies, apsolot, ka šoreiz turpināsim sazināties.

Gadi pagāja, un mūsu **draudzība** saglabājās stipra,

Le parc

Le soleil se couchait, et le parc était vide. Je me suis assise sur un banc, attendant mon **amie**. Nous avions prévu de nous retrouver ici il y a une heure, mais elle était toujours en retard. Au moment où j'allais abandonner et rentrer chez moi, je l'ai vue courir vers moi. "Je suis vraiment désolée", a-t-elle haleté en atteignant le banc. "Mon train a été **retardé**." "C'est bon", ai-je dit **avec indulgence**. "Je viens juste d'arriver." Nous nous sommes assis et avons bavardé pendant un certain temps, prenant des nouvelles de la vie de chacun depuis notre dernière rencontre. La conversation était fluide **et nous avions** l'impression que le temps n'avait pas passé depuis notre dernière rencontre. Au coucher du soleil, nous nous sommes dit au revoir et avons pris des chemins différents. La fois suivante, c'était dans un autre parc. Encore une fois, elle était en retard, mais ça ne m'a pas dérangé. C'était agréable d'avoir quelqu'un à qui parler et qui me **comprenait**. Nous avons parlé de nos rêves et de nos **aspirations**, des choses que nous voulions faire de nos vies. Elle m'a parlé de son projet de voyager dans le monde entier, et j'ai partagé mon rêve de devenir écrivain. Alors que le soleil se couchait sur un autre jour, nous nous sommes dit au revoir une fois de plus, en promettant de rester en contact cette fois-ci.

lai gan tagad mēs dzīvojām dažādās valsts daļās. Mēs uzturējām saikni, sūtot vēstules un laiku pa laikam zvanot pa tālruni, dalījāmies ar jaunumiem par savu dzīvi. Kad viņa paziņoja, ka precēsies, es nebiju **pārsteigta -** viņa vienmēr bija **piedzīvojumu meklētāja.** Bet, kad viņa man jautāja, vai es būtu viņas līgavaine kāzu ceremonijā, kas notika puspasaules attālumā no manas dzīvesvietas... tas prasīja pārliecināšanu! Tomēr galu galā es nevarēju pieļaut, ka mana labākā draudzene apprecētos bez manis līdzās, tāpēc, neraugoties uz manām bailēm (un pēc ilgām viņas lūgšanām!), es **piekritu** doties līdzi uz to, kas izvērtās par mūža **piedzīvojumu.**

Beidzot pienāca **kāzu** diena. Es biju satraukusies, bet sajūsmā, ka piedalīšos tik svarīgā mirklī sava drauga dzīvē. Ceremonija bija skaista, un viņa izskatījās laimīga, kad teica savus solījumus. **Pēc tam** mēs svinējām ar lielu ballīti - šķita, ka visi viņas paziņas bija ieradušies svinēt kopā ar viņu! Tā bija **maģiska** diena, kuru nekad neaizmirsīšu, un mūsu draudzība pēc šī piedzīvojuma tikai nostiprinājās. Tagad, pēc vairākiem gadiem, mēs joprojām sazināmies. Mēs abi esam ļoti **mainījušies** kopš pirmās tikšanās reizes, bet mūsu draudzība ir tikpat stipra kā jebkad.

Les années ont passé, et notre **amitié** est restée forte, même si nous vivions désormais dans des régions différentes du pays. Nous sommes restés en contact par des lettres et des appels téléphoniques occasionnels, partageant les nouvelles de nos vies respectives. Lorsqu'elle a annoncé qu'elle allait se marier, je n'ai pas été **surpris** - elle avait toujours été du genre **aventureux**. Mais lorsqu'elle m'a demandé si j'accepterais d'être sa demoiselle d'honneur à la cérémonie de son mariage qui se déroulait à l'autre bout du monde, loin de chez moi... il a fallu la convaincre ! En fin de compte, je ne pouvais pas laisser ma meilleure amie se marier sans moi à ses côtés, alors malgré mes craintes (et après qu'elle m'ait beaucoup suppliée !), j'ai **accepté de participer à** ce qui s'est avéré être l'**aventure** de ma vie.

Le jour du **mariage** est enfin arrivé. J'étais nerveux, mais excité de faire partie d'un moment si important dans la vie de mon amie. La cérémonie était magnifique, et elle avait l'air heureuse en prononçant ses vœux. **Ensuite,** nous avons fait une grande fête - on aurait dit que tous ses proches étaient venus célébrer avec elle ! C'était un jour **magique** que je n'oublierai jamais, et notre amitié n'a fait que se renforcer après cette aventure. Aujourd'hui, des années plus tard, nous restons toujours en contact. Nous avons toutes deux beaucoup **changé** depuis notre première rencontre, mais notre amitié est plus forte que jamais.

Izpratnes jautājumi

1. Kur autore un viņas draudzene pirmo reizi satikās?

2. Kāpēc autora draugs nokavējās uz tikšanos?

3. Par ko draugi runāja, kad pēc gadiem atkal satikās?

4. Kā autore jutās, apmeklējot draudzenes kāzu ceremoniju?

5. Aprakstiet kāzu ceremonijas norises vietu.

6. Kā laika gaitā ir mainījusies abu sieviešu draudzība?

7. Kāds ir autora sapnis?

8. Kur plāno ceļot autora draugs?

9. Kāpēc autore vilcinājās apmeklēt draudzenes kāzu ceremoniju?

Questions de compréhension

1. Où l'auteur et son ami se sont-ils rencontrés pour la première fois ?

2. Pourquoi l'ami de l'auteur était-il en retard à leur réunion ?

3. De quoi les amis ont-ils parlé lorsqu'ils se sont retrouvés des années plus tard ?

4. Qu'a ressenti l'auteur en assistant à la cérémonie de mariage de son amie ?

5. Décrivez le cadre de la cérémonie de mariage.

6. Comment l'amitié entre les deux femmes a-t-elle évolué au fil du temps ?

7. Quel est le rêve de l'auteur ?

8. Où l'ami de l'auteur prévoit-il de voyager ?

9. Pourquoi l'auteur a-t-elle hésité à assister à la cérémonie de mariage de son amie ?

www.ingramcontent.com/pod-product-compliance
Lightning Source LLC
Chambersburg PA
CBHW071621150726
48000CB00004B/1821